STEFAN SCHWARZ

War das jetzt schon Sex?

Buch

»Im Leben mit Kindern ist die Verkettung unglücklicher Umstände der Regelfall.« So schreibt Stefan Schwarz, und er weiß, wovon er redet. Selbst zum zweiten Mal verheiratet und Vater von zwei Kindern, hatte er ausreichend Gelegenheit, die Katastrophen des Familienalltags eingehend zu studieren. Das komische Potenzial in ganz gewöhnlichen, alltäglichen Situationen zu entdecken, ihnen skurrile Seiten abzugewinnen, das Geschehen im Rahmen der gerade noch denkbaren Glaubwürdigkeit zuzuspitzen und das Ganze dann mit hoher Pointendichte und originellem Wortwitz zu schildern – das ist Schwarz' Kunst, und die beherrscht er meisterhaft. Was er in seinem Mikrokosmos geschehen lässt, ist zum Brüllen komisch, gerade weil es so vertraut und wahr ist.

Was Kinder alles anstellen, um ihre Eltern frühzeitig ergrauen zu lassen, wie sich die Leidenschaft zwischen den Eheleuten trotz aller widrigen Umstände noch aufrechterhalten lässt bzw. warum Kinder zuverlässig weitere Kinder verhüten, wie peinlich es sein kann, mit Kindern in der Öffentlichkeit unterwegs zu sein, wie aussichtslos es ist, mit Müttern zu streiten, was es mit Weihnachten in Zeiten der Konsumgesellschaft auf sich hat, wie schlimm es sich auf die männliche Psyche auswirkt, nach und nach sein Haupthaar zu verlieren, wie explosiv zwischengeschlechtliche Kommunikation zuweilen sein kann, all diese Themen werden ausgiebig abgehandelt.

Autor

Stefan Schwarz, Jahrgang 1965, ist mehrfach erprobter Ehemann und leidenschaftlicher Vater. Im »Magazin«, einer 1924 gegründeten Berliner Traditionszeitschrift, die von ihren Lesern auch gern als der »New Yorker des Ostens« bezeichnet wird, bestreitet er eine monatliche Kolumne über das letzte Abenteuer der Menschheit, das Familienleben. Mit seinen Geschichten hat er es zum Liebling der Leser gebracht. Er lebt mit Frau und zwei Kindern in Leipzig, nennt sich Allerweltsjournalist und Gelegenheitsschriftsteller.

Stefan Schwarz

War das jetzt schon Sex?

Frauen, Familie
und andere Desaster

GOLDMANN

Umwelthinweis:
Alle bedruckten Materialien dieses Taschenbuches
sind chlorfrei und umweltschonend.

Der Goldmann Verlag ist ein Unternehmen
der Verlagsgruppe Random House GmbH.

1. Auflage
Taschenbuchausgabe Juni 2005

Umschlaggestaltung: Design Team München
Umschlagillustration: Tertia Ebert
Satz: Buch-Werkstatt GmbH, Bad Aibling
Druck: GGP Media GmbH, Pößneck
Verlagsnummer: 45921
JE · Herstellung: MW
Made in Germany
ISBN 3-442-45921-4
www.goldmann-verlag.de

ZUERST

Mein Name ist Stefan Schwarz. Ich bin im Jahr der höchsten atmosphärischen radioaktiven Strahlenbelastung zur Welt gekommen. Ich bin von mehreren unabhängigen Meldestellen als »mittelgroß« eingestuft worden, obwohl ich da wirklich nie jemanden kannte. Ich bin Judokreismeister in der Gewichtsklasse 32,5 Kilogramm gewesen und fürchte tatsächlich keinen Menschen auf der Welt, sofern er nicht mehr als dieses Gewicht auf die Waage bringt. Ich habe das Abitur und zwei Kinder gemacht. In meiner Freizeit lese ich gerne oder fürchte mich stundenlang vor eingebildeten Krankheiten. Ich bin in Potsdam geboren und lebe jetzt in Leipzig. Die Menschen sind eigentlich ganz nett hier und gar nicht so, wie sie in den Medien immer dargestellt werden. Letztes Jahr hatte ich die Braunfäule in den Tomaten. Ich hab aber kein Gift gespritzt, obwohl ich dazu imstande wäre. Ich bin nämlich kein Pazifist, aber das ist wirklich mein einziges Laster.

INHALT

Vorwort

Das Geschlecht im Gefecht

Das Kind am Manne

Fridtjof Nansen und ich

Als mein Sohn noch sehr klein und unvernünftig war und nur Bierschinken mit Ketchup drauf aß und sonst gar nichts, verbrachte er seine Tage im Kindergarten der Erlöserkirche. Der Kindergarten hieß im Elternmund nur Erlöserkindergarten, und damit traf der Elternmund ziemlich genau, was das Elternherz fühlte, wenn man um 9 Uhr in der Mini-Garderobe seine Zappelquappen endlich ausgepellt, plattgeknutscht und weggeklapst hatte. Der Erlöserkindergarten lag zudem in der Fridtjof-Nansen-Straße.

Nansen ist weltberühmt, weil er im vorletzten Jahrhundert mit 'n paar Schlitten nebst Hunden und einem Zentner Essbarem mal als Erster das Innere Grönlands in anderthalb Monaten durchquert hatte. Eine schöne Leistung für einen gesunden jungen Mann, der sonst nichts weiter vorhat! Aber das ist natürlich nix gegen das Quantum, das ein durchschnittlicher Vater in den dunklen Wintermonaten Mitteleuropas stemmen muss. Denn erstens muss der Schlitten ganz ohne ehrgeizige Hunde, aber hörbar funkenkratzend einen nur unwesentlich oder auch mal gar nicht schneebeflockten Bürgersteig mitsamt einem Zentner Sohn und Essbarem geschleift, und zweitens muss auf dem täglichen Weg zur Kaufhalle die Diagonale Grönlands pro Winter mehrfach durchmessen werden. Vater-Straßen gibt es aber meines Wissens gar nicht.

Dieses Buch ist daher dem stillen, so wahrscheinlich ungewollten, dafür aber endlosen Heldentum der Eltern gewidmet, und zwar bei leichter, aber vorsätzlicher Übergewichtung der Vaterschaft. Warum das? Für den zeitgenössischen Mann ist der Übergang vom nichtsnutzigen Single zum Allzweck-Vater besonders dramatisch und ist, was den Rollenwechsel angeht, höchstens noch mit der Geschlechtsumwandlung zu vergleichen. Wenn Sie, Mann von heute, Vater von Kindern werden, treten Sie in eine Art Diensthabendes System ein, gegen das sich der offizielle Anspannungsgrad der NATO-Luftraumüberwachung wie eine gottverdammte Kifferrunde ausnimmt.

Sie können nicht einfach sturzbetrunken nach Hause kommen, der Babysitterin kichernd die paar Scheine ins Dekolleté drücken und zu Bett stürzen, um bis zum nächsten Mittag mit ausgeleierten Gesichtszügen das Kissen durchzuschnorcheln. Denn die Babysitterin könnte nämlich dem Kind zufällig genau den Bierschinken mit Ketchup aufs Brot gepappt haben, den Sie heute Morgen eigentlich längst wegschmeißen wollten ...

Versuchen Sie dann doch mal, um halb eins nachts mit 2,1 Promille im Schädel halbverdauten Bierschinken aus einem sich immer schneller drehenden Flurteppich zu bürsten, obwohl Sie eigentlich dem klagenden Kindlein eine Wärmflasche voll Kamillentee oder irgendsowas machen müssten. Und war da nicht eben schon im Kinderzimmer dieses brunnenspeiende Geräusch ...?

Im Leben mit Kindern ist die Verkettung unglücklicher Umstände nämlich der Regelfall, und die Geschwindigkeit, mit der Sie lernen werden, sich darauf einzustellen, denunziert alle Theorien über angstfreies Lernen im Alpha-Zustand als Kaffeeklatsch.

Das war noch unlängst etwas anders. Mein Vater führte die Familie werktags wesentlich vom Sofa aus und sprach höchstens beruhigend auf meine Mutter ein, wenn sie zwischen Topfsitzung des Jüngsten, Stulleschmieren fürs Mittlere und Hausaufgabenkontrollieren fürs Älteste mal unwirsch zu werden drohte. Auch weiterführender Alkoholgenuss war innerhalb dieser Aufgabenaufteilung kein Problem, und mein Vater konnte nach Geselligkeiten mit anderen Vätern um halb eins in der Nacht unbesorgt in den mit Bleikristall voll gestellten Raumteiler torkeln, ohne sich dabei den Kopf darüber zu zerbrechen, ob die Kinder morgen pünktlich in der Schule erscheinen würden.

Die moderne Frau hingegen ist zu Recht der Ansicht, dass Babywickeln ab dem sechsten Monat eigentlich Männersache ist, und wenn man Hebelkraft und Drehgeschwindigkeit der kleinen Speckbolzen in Rechnung stellt, eigentlich sogar die Sache von zwei Männern, wenn möglich Bereitschaftspolizisten. Und das ist nur eine von 12 000 neu übertragenen Betätigungsmöglichkeiten.

Junge Männer ahnen das natürlich nicht, wenn sie junge Frauen bloß wegen ihres tollen Aussehens ins Kino einladen, wo sie vom tollen Aussehen überhaupt nichts haben und überdies Blut und Wasser schwitzen, dass es nicht der falsche Film sein möge. Sie wissen nicht, dass sie bei andauernder Partnerschaft und einsetzender Vermehrung persönlich für das weiterhin tolle Aussehen ihrer Frau verantwortlich gemacht werden und dass, falls sie es nicht tun, faule Väter heutzutage schnell und kompromisslos und – dank der bundesdeutschen Gesetzlichkeit häufig mit nicht unerheblicher Provision für die Mutter – gegen motiviertere Exemplare ausgetauscht werden.

Dieses Buch enthält Texte aus zehn Jahren, in denen ich die Freude hatte, für das ehrwürdige »Magazin« schreiben zu dürfen. Wie es der Zufall wollte, waren dies just die Jahre, in denen ich beinahe zwei Freundinnen gehabt hätte und dann aber doch tatsächlich noch die eine und dann die andere Frau für mich begeistern konnte, um mit ihr jeweils eine Familie zu gründen. (Wer dabei ab wann wer ist, überlasse ich dem Spürsinn der Leser. Die mögen so was.) Genug Gelegenheit, die offenkundigen Paradoxien des Familienlebens ausgiebig zu studieren.

Der Fokus der Öffentlichkeit ist freilich ziemlich häufig ein anderer. Hier wird die elterliche Fürsorge im Ballettkleidchen über die Bühne gescheucht. Soll ich das Kinderbettchen wegen des grassierenden Magnetismus wirklich in Nord-Süd-Richtung aufstellen? Können nicht ausreichend abgerundete Bauklötzer mein Baby aggressiv machen? Wo gibt es histaminfreie Hirse für den Morgenbrei zu kaufen?

Die meisten familiären Probleme sind aber Managementprobleme mit akutem Entscheidungsbedarf, für deren Lösung Nervenstärke, gute körperliche Verfassung und die Abwesenheit von beruflichem Stress oder sexuellen Einzelpräferenzen ausschlaggebend sind – also alles Dinge, die Ihnen vorher in einer Familie schon mit Sicherheit abhanden gekommen sind. Wie das der Mann, dessen Bild in meinem Ausweis klebt, gemacht hat, können Sie jetzt lesen. Doch Achtung: Dieses Buch ist kein Ratgeber. Man kann in diesem Buch nicht lernen, wie man irgendwas richtig macht. Man kann aber lernen, wie man wenigstens nach außen hin lässig rüberkommt, wenn man mal wieder alles falsch gemacht hat.

Stefan Schwarz

DAS GESCHLECHT IM GEFECHT

Heirate doch eine Bockwurst!

Wenn meine Frau schläft, wirft sie stets ein Bein auf die Bettdecke. Manchmal wirft sie das Bein auch auf meinen Bauch und nimmt es erst wieder runter, wenn ich ächzend nach Stift und Papier taste, um meinen letzten Willen aufzuschreiben, weil ein spannungsloses Frauenbein nach einer Viertelstunde etwa eine Tonne wiegt. Ich selbst würde nie auf die verwegene Idee kommen, mein Bein auf die Bettdecke zu legen oder auch nur meinen Fuß unter der Bettdecke hervorlugen zu lassen, da ja allgemein bekannt sein dürfte, dass unter Betten schreckliche Monster hocken, die nur darauf warten, nach unachtsam freigelassenen Schläferbeinen zu grabschen.

Als ich eines Tages beim Frühaufstehen interessiert das nackte Freibein meiner Frau betrachtete, entdeckte ich im schrägen Morgenlicht einen gewissen Strukturwandel im geheirateten Oberschenkel. Ich wollte es eigentlich für mich behalten, weil ein Kavalier auch schweigt, wenn er nicht genießt, aber als mein schlafwuscheliges Weib am Frühstückstisch provozierend die bedenklichen Beine unters Kinn zog, um stabiler am Milchkaffee zu nippen, beschloss ich, ihr redlicher Spiegel zu sein. »Ich denke darüber nach, einen Heimtrainer zu erwerben«, sagte ich kühn. »Heimtrainer können kein Geschirr spülen«, erwiderte die Bewegungsarme, »aber

Geschirrspüler können wundervollerweise Geschirr spülen, obwohl sie genauso viel kosten.« »Heimtrainer sind gut für die Gesundheit«, scheuchte ich das flüchtende Gespräch wieder in mein Anliegen zurück. »Einfach mal so eine Viertelstunde standradeln fördert die Durchblutung ...« – ich quälte mir das Wort aus dem Mund – »der Haut und ... kräftigt, nun ja ... die Beine!« Ich sah sie an wie ein englischer Lord, der gerade wegen Spielschulden seinen Butler aus Kindheitstagen entlassen musste, aber die Frau verweigerte beharrlich die rechte Deutung. »Du bist nicht fett«, lobte sie mich. Sie ließ mir keinen Ausweg. »Schatz! Das Unterhautgewebe deiner Oberschenkel beginnt, Andeutungen partieller Unebenheiten aufzuweisen.«

Ihr Gesicht reichte die Scheidung ein. »Ich meine, da ist quasi noch überhaupt nichts zu sehen. Womöglich ist das Ganze auch nur so eine Vermutung von mir, die man mit ein bisschen Bewegung ...« »Meine Beine?«, erkundigte sich Marlene Dietrichs Wiedergängerin. »Meine Beine? Da liegt noch haufenweise gereimtes Zeugs (meine Liebesschwüre im strengsten Versmaß!), wo der Herr Heimtrainer ganz anderer Meinung war. Kaputtgegangen bist du, wenn ich nur den Rocksaum gelüftet habe ...« Die Gazelle mit den schneeweißen Läufen ließ ihre Beine unter den Tisch fallen, aber nur, um festen Stand im Zorn zu gewinnen. Ich erfuhr, dass sie mir unter Schmerzen zwischen den Schenkeln die Kinder geboren hatte und dass seither die kritisierten Extremitäten unter soziologisch glaubhafter Doppel- und Dreifachbelastung schmerzten, dass nichtsdestotrotz führende Orthopäden und Bademeister ihre spurlos bezaubernden Beine anbeten würden, und überhaupt solle ich mir mal die Staatsreserve Wellfleisch ansehen, die ich über meinen Bauchmuskeln eingelagert hätte, wenn ich schon über himmlische Körper schwadronieren wolle. Ich warf ein zaghaftes »Aber ich liebe dich trotzdem …« in den Mülleimer ihrer Ohren. »Ich wollte dich da nur auf etwas hinweisen, bevor …« Die Ehefrau setzte auf bedingungslose Hingabe. »Wenn du was Knackiges willst, heirate doch eine Bockwurst!«

Der Sprengsatz Ehe besteht ganz wesentlich aus den Explosivstoffen der zwischengeschlechtlichen Kommunikation. Doch während frühere Zeitalter die vorprogrammierten Missverständnisse nur als Anlass für seufzenden Alkoholismus und verbitterte Gartenarbeit sahen, sind heute Linguistiker und Therapeuten dabei, die trennenden Sprechweisen zusammenzumodeln. Die neuere Forschung geht davon aus, dass die unterschiedliche Hosenfüllung der Menschen auch verschiedene Formen der Kommunikation erzeugt. Männer sprechen demnach in einer Welt der Unterschiede, der Konkurrenz und der Problemlösungen, Frauen hingegen sprechen die Sprache der Gemeinsamkeit und der Bindungen.

Da ein sensibler Schläfer wie ich eigentlich nur im Koma auf einer durchgesessenen und knarrenden Wohnzimmercouch zu liegen vermag, nutzte ich die Zeit unserer cellulitären Ehefehde, um die intersexuelle Missverständnisliteratur zu studieren. Die Frage stand: Ist es einem Mann sprachlich möglich, eine Frau auf unnötigen Oberschenkelverfall hinzuweisen, oder muss er geduldig warten, bis die Matrone seines Herzens nicht mehr in den Fernsehsessel passt? Die Antwort lautet: unter Umständen. Zunächst vermeide man jegliche Konfrontationsvokabeln, weil Frauen, die auf direktem Wege als »aufgedunsen« diagnostiziert werden, gewöhnlich nicht in sich gehen, sondern außer sich geraten.

Behutsamkeit braucht Zeit, und richtig wäre es gewesen, wenn ich über Monate eine innerfamiliäre Atmosphäre der Oberschenkelstraffheit zelebriert hätte. »Ach, Liebling, der kleine Fehler beim Einparken ist doch nicht der Rede wert. Ich werd mal eben die Stoßstange auf meinem stahlharten Oberschenkel geradebiegen!« Kiezgerüchte wie »Stimmt es, dass Ihr Mann mit der ganzen Kindergartengruppe ›Hoppe, hoppe Reiter!‹ gespielt hat? Zum Schluss soll ja noch der dicke Hausmeister mitgeritten sein!« hätte das Thema des menschlichen Beines als Wunderwerk muskulären Zusammenspiels zunehmend ins Bewusstsein meiner Frau gerückt.

Als Nächstes hätte ich verstärkt Vertrauen in ihre eigenen Fähigkeiten äußern sollen. »Mensch, unser Bademeister hat neulich zu mir gesagt, wie toll deine Beine aussehen, obwohl du doch Mutter dreier Kinder bist, und er wettet, dass du sicher auch noch mit Vierzig wie ein Strumpfhosenmodel daherkommen wirst!« Aber Achtung! Positive Aussagen mit Ermunterungswert müssen eindeutig sein, die lobhudelnde Metapher »Deine Beine stellen alles in den Schatten!« könnte auch auf Sumo-Ringer zutreffen.

Nachdem mit solch unterschwelligen Botschaften die gemeinschaftliche Lebenswelt durchseucht ist, sollte es nicht mehr lange dauern, bis meine Frau beim Besuch des Berliner Fernsehturms wie von selbst auf den Fahrstuhl verzichtet und die Treppe nimmt, sei es auch nur, weil sie das ewige »Oberschenkel hier, Oberschenkel da!«-Gelaber nicht mehr ertragen kann und endlich mal eine Stunde allein sein will.

Ich gebe zu, diese Fünfjahrplan-Variante ist für den an vielen Stellen kochenden Krisenherd Ehe nicht unbedingt das Optimale. Gerade Männer, deren Einfühlungsvermögen am Modell der Hundedressur orientiert ist, wollen Ergebnisse statt Entwicklungen. Im amerikanischen Therapiebaukasten der Geschlechtersprache liegt dafür der große Verständnishammer bereit, mit dem gewaltige Breschen zur weiblichen Einsicht geschlagen werden können. Der Trick besteht darin, seine Meinung nicht einfach zu äußern, sondern im selben Atemzug zu deuten und die Deutung zu erläutern, bis der Widerstand des Partners in der Kaskade der Offenbarungen hinweggeschwemmt ist. »Weißt du Schatz, ich fürchte mich davor, das Welken deiner Oberschenkel nicht mögen zu können, weil eine billige Auffassung von Männlichkeit mir gebietet, meiner Frau den Glanz immerwährender Jugendlichkeit abzunötigen, um an dieser eitlen Krücke mein von den prahlerischen Ansprüchen der Fitness-Gesellschaft fremdbestimmtes Ich aufzupeppen.« Meine Frau würde darauf sagen: »Du musst noch gewaltig an dir arbeiten!«, und das Problem hätte sich im Selbstmord des Verlangens erledigt.

Ich könnte aber auch meinen: »Heute Morgen sah ich dein Bein altern, und das erinnerte mich daran, dass wir alle sterben müssen. Und ich fragte mich, ob es nicht angesichts der Zeitlichkeit allen Seins vergeblich ist, mit Turnübungen dem Sensenmann davonzulaufen. Ist Lebensqualität wirklich ein Koeffizient der verfügbaren Muskelmasse, oder wird die körperliche Leidenschaft jugendlicher Leiber nicht doch endlich durch verfeinertes Innenleben aufgewogen, so dass wir unser Vergehen mit Reife belohnt bekommen?« Dann endlich würde meine Frau bemerken: »Könnte es nicht sein, dass unser verfeinertes Innenleben noch vor dem Ableben an Harmonie gewinnen könnte, wenn dein Falkenauge heute Morgen nicht auf meinem Schenkel, sondern auf den gelben Gardinen geruht hätte, die endlich einmal abgenommen werden müssen?« Und fröhlich über diese gelungene Verständigung wäre ich aufs Fensterbrett gekrochen, bis in der Sommerwärme unten auf der Straße zwei luftig umrockte Beine mich wieder mal so sprachlos gemacht hätten, wie's zwischen Mann und Frau am besten ist.

Dämonen der Dunkelheit

Als ich meine Frau in jener Vollmondnacht an der Schulter rüttelte, verschwand sie kurz mit einem dumpfen Aufprall. Obwohl unser Bett zu den großflächigen Modellen zählt, ist meine Frau leider gezwungen, die Nacht hochkant am äußersten Rand der Matratze zuzubringen, da mich die Dämonen der Dunkelheit in eine Schlafstellung zwingen, die Leonardo da Vincis berühmter anatomisch-geometrischer Zeichenstudie nachempfunden ist und das Nachtlager vollständig ausmisst.

»Hörst du das?«, fragte ich die ins Bett Zurückgekletterte. Wir lauschten. »Es kommt von oben«, raunte meine Frau. »Es wird immer schlimmer«, ergänzte ich. Jetzt war es so laut, dass man es auch unter einem Kissen hätte hören können. »Ist er nicht vor kurzem arbeitslos geworden?«, flüsterte meine Frau. »Sie hat letzte Woche Flaschen weggebracht«, kombinierte ich weiter, »Schnapsflaschen!« In das Geschrei von oben mischte sich Gepolter. »Jetzt lässt er wahrscheinlich seinen Frust an ihr aus«, wählte ich meine Worte, aber meiner Frau war das entschieden zu metaphorisch. »Er schlägt sie!!!«, rief sie und sprang auf. »Was der Alkohol alles anrichtet«, versuchte ich, das Gespräch auf einer wohltuend-reflektierenden Ebene zu halten. Umsonst. »Du musst was tun!!!«, befahl meine Frau. »Nun mal ganz ruhig«, beschwichtigte ich, »du kennst sie. Erinnerst du dich, wie dir mal auf der Treppe die Ananas aus dem Einkaufskorb gefallen ist und sie hinter dir hochkam und sie sofort auffing ... ?« Meine Frau erstach mich mit ihrem Blick. »... ich meine, sie hat gute Reflexe, und sie kann ihm ausweichen. Bald wird er sich müde getobt ha ...« »Geh! Jetzt! Hoch!!!«, schrie meine Frau fast so laut wie die arme Obermieterin.

Ich zog mich unter wüsten Beschimpfungen der rot-grünen Konjunkturpolitik und der schwarz-blau-gelben Misswirtschaft an und schlich ins obere Geschoss. Ich klöpfelte zuerst ein bisschen an die Tür, entschied mich dann aber, den Schrecken zwar nur mittelgroßer, aber unstoppbar eingreifender Männlichkeit zu verbreiten, um den Nachbar einzuschüchtern. Die gewaltigen Faustschläge an der Wohnungstür zeitigten sofortige Wirkung. Der Lärm erstarb. Die Nachbarin erschien völlig aufgelöst und in ein Bettuch gehüllt. Mein hochentwickeltes Gehirn antizipierte, dass die blöde Frage, ob ich helfen könne, die ebenso blöde Antwort, dass ihr Mann das bislang immer allein geschafft habe, nach sich ziehen würde; und deswegen fragte ich lieber: »Habt ihr Salz?«

Meine Frau war etwas beschämt, als sie mich mit dem Salzfässchen in der Hand zurückkehren sah. »Das konnte doch keiner ahnen«, meinte sie schuldbewusst, »die sind doch schon weit über fünfzig, und die Kinder sind aus dem Haus.« »Eben drum«, erwiderte ich und erinnerte sie mit bitteren Worten daran, zu welchen pantomimischen Veranstaltungen unser Liebesleben verkommen war.

Erstens, um ja nicht die Kinder zu wecken, und zweitens, um beim eventuellen Erscheinen eines derselben in Sekundenbruchteilen in die »Meine-Eltern-schlafen-tief-und-fest«-Stellung stürzen zu können, was ja von vornherein exotische Leibespositionen ausschlösse, da etliche vorderindische Beinscheren beim Nahen des Kindes nicht schnell genug zu entknoten seien. Überdies, so klagte ich fort, hätte dies alles unter der Bettdecke zu geschehen, deren Sitz und Lage ich ständig während des Aktes zu kontrollieren und nachzubessern hätte, was meine Erregung zuverlässig dämpfe und mich um einiges verzögere. Da nun nahm mich die Liebste zu sich und flüsterte ganz kinderschlafschonend: »So hat eben alles sein Gutes.«

Dringender Paarungswunsch

»Conny hat angerufen. Sie will am Wochenende vorbeikommen. Mit ihrem neuen Freund!« Meine Frau striegelte wie beiläufig ihr Wallehaar vorm Badezimmerspiegel, während ich von Satz zu Satz weniger energisch in meinem Gebiss herumschrubbte. (Meine Zahnärztin sagt, meine Zähne würden schon »Abputzungserscheinungen« zeigen, und es wäre nur noch eine Frage der Zeit, bis ich sie ganz weggeputzt hätte.)

Der Auftritt des neuesten Liebhabers der ältesten Freundin hatte sich ungefähr so lange angekündigt wie die unseres Herrn und Erlösers. Wochenweise und stundenlang hatten meine Frau und die vor lauter Schwärmerei schon ganz bleichsüchtige Conny die subtilsten Facetten der sich anspinnenden »Beziehung« am Telefon durchgewispert und im Geiste Kleider anprobiert und Gesten einstudiert, die sowohl einschüchternde Distanz als auch dringendsten Paarungswunsch signalisieren sollten. Mein Vorschlag »Großer Hut mit Straußenfeder und rosa Strapse« führte leider dazu, dass ich zwei Tage als Rohling und Perverser von weiteren Kommuniqués ausgeschlossen wurde. Nun aber war die Balz geglückt, und es konnte gefeiert werden.

Ich packte gerade pfundweise Koteletts und Bratwürschtel in den Kühlschrank, als meine Frau hinter mir verlegen etwas von »Vegetarier« mümmelte. Ich erstarrte. Die Mühen der divenhaften Conny hatten nicht etwa einem grundsoliden Bauingenieur gegolten, der Gewähr für ein kraftvolles Arbeits- und Liebesleben bot, sondern einem – Vegetarier. Meine erste Reaktion fiel noch etwas kindlich aus. »Ich schaff das aber nicht allein«, klagte ich ächzend, die eingebeutelten Fleischmassen auf meinen Unterarmen wiegend. Zwei Sekunden später war ich wieder auf Zack. »Mäkelhänse haben hier Hausverbot. Massentierhasser mit eigenem Tofu im Tornister essen draußen!« Die Schöne, deren Gunst der Humus meines Lebens ist, wies mich vorsichtig darauf hin, dass sie mich vor allem um meiner Herzensgüte und meiner nie versagenden Großzügigkeit willen manchmal ein bisschen gern habe. »Ich bin liberal!!«, lud ich hörbar meine Argumente-MG durch. »Ich bin tolerant!! Aber diese Typen, die auf ihre tierischen Proteine verzichten, tun nur so. Diese ungeselligen Spitzmäuler bleiben ja nicht unter sich! Die suchen ständig die Nähe von uns Allesfressern, um sich an ihrer übermenschlichen Beispielwirkung zu ergötzen. Weißt du überhaupt, wie scheiße man sich fühlt, wenn ständig jemand ›Nein, danke!‹ sagt, wenn man ihn mal von der Salamistulle abbeißen lassen will.«

Meine Frau vertrat plötzlich die Meinung, dass Fleischkonsum auch aggressiv mache. Noch bevor ich sie orkanartig zur Vernunft zurückbellen konnte, klingelte es. Conny und ein körperfettfreies Faktotum erschienen in der Diele. Es erwies sich, dass der Vegetarier außerdem Triathlet war. »Siehst du!«, zischte ich meiner Frau zu. »Selbstverliebter, eingebildeter Körperkultist.

Der würde auch Quatro-Athlet werden, wenn's das gäbe!«

Meine Frau war nun ernsthaft besorgt, ich würde beim Abendbrot mit einem Satz über den Tisch springen, den Vegetarier an der Gurgel packen, ihm eine ganze Leberwurst in den Hals stopfen und dabei entmenscht brüllen: »Friss diese Mixtur aus Gedärm und Innereien, so wie es unsere Väter und Vorväter taten!«

Aber nichts dergleichen geschah. Stattdessen wurde es ein launiger Abend, mit Speisen wie geschaffen für den beschränkten Geschmack unseres Gastes. »Ich glaube, die Avocadocreme und das Artischockenmus waren ziemliche Treffer«, sagte zur Nacht die runde Frau und schubste mich freundlich mit ihrem Bauch. »Danke, dass du nicht rumgezickt hast.« »Ich bin ein erfahrener Vater«, erwiderte ich, »und weiß, dass Menschen alles essen, wenn es nur ausreichend gegart und püriert wurde.«

Wiederholungstäter

Ich bin kein Partylöwe. Ich bin eher eine Partyhyäne. Mir reichen die Gesprächsreste, die übrig gebliebenen Themen, um mich prächtig zu unterhalten. Gern stehe ich bei Feten mit den anderen Gästen in der Küche und warte geduldig, bis der Gastgeber seine geringe Kaltmiete gepriesen, das Leiderdochnichtkommenkönnen eines Prominenten verlautbart, zum Verzehr des angegrauten Gehackten in der Schüssel auf der Heizung aufgefordert hat und gut gelaunt entfleucht.

Ich kann warten, denn ich kann prima überleiten. Ich hätte auch noch an Goethes letzte Worte was anzuknüpfen gewusst. So begann ich letztens, beim Rotweineinschenken etlichen fremdelnden Leuten die nette Anekdote zu erzählen, wie ich einmal mit meiner Frau in einem edlen Berliner Einrichtungshaus eine Vakuumpumpe kaufen wollte. Damit kann man bei anwesenden jungen Dingern immer einiges Gekicher lostreten, obwohl es überhaupt nicht anzüglich weitergeht. Es mündet in die Erklärung, dass es sich um ein total nützliches Utensil handelt, mit dem man angebrochene Rotweinflaschen vor dem Oxydieren bewahrt, worauf mir aber die angesprochene Verkäuferin – und zwar in Gegenwart meiner indignierten Frau – entgegenpolterte: »Sie werden doch Manns genug sein, eine Flasche Roten am Abend auszutrinken!«

Geschmunzel allenthalben. Jetzt könnten Trinkgeschichten angesponnen werden. Aber irgendjemand fragte plötzlich: »Und war das gerade Ihre Frau, die da rausgegangen ist?«

Genau das ist das Problem an der Geschichte. Meine Frau kennt sie schon. Der Überraschungsmoment dieser Anekdote liegt für meine Frau unter null. Ich finde die Geschichte gut und erzähle sie, wann immer sie passt. Und sie passt häufig. Die Überraschung ist darob zur Erwartung gereift und dann wohl zur Befürchtung verfault.

Um eine glückliche Partnerschaft zu führen, benötigt man aber neben einem verspannten Rücken und schmerzenden Füßen, um sich öfter bindungsvertiefende Zuwendungsmassagen erjammern zu können, vor allem ein schlechtes Gedächtnis. Dieser Satz ist nicht etwa von einem Zufallsgenerator zusammengestoppelt worden, sondern ein feingeschliffener Diamant meines Erfahrungsschatzes. Ohne ein schlechtes Gedächtnis, zur Not auch ein vorgetäuschtes schlechtes Gedächtnis, wird Ihnen die Partnerschaft nicht wie die ewige Liebe, sondern wie die liebe Ewigkeit vorkommen. Nichts ist einem Bund auf Dauer abträglicher als Sätze wie »Hast du schon mal erzählt!« oder »Kenn ich schon!«.

Ein deutscher Mann von Mitte dreißig ist nun mal kein Actionheld und hat für gewöhnlich ein Vorleben aufzuweisen, das Stoff für höchstens anderthalb Jahre Geschichten und Reflexionen auf dem Abendsofa bietet. Danach muss er sich entweder freiwillig zur Terrorbekämpfung in Somalia melden, die Klappe halten oder –

sich notgedrungenermaßen wiederholen. Die Trauungsformel sollte also nicht heißen, ob man gewillt sei, »zusammenzustehen in guten wie in schlechten Zeiten«, sondern, ob man den Nerv habe, sich ein und dieselbe Leier immer und immer wieder anzuhören.

Offenbar konnte das meine Frau nicht mehr, und ich stöberte in Sorge durch die Räume. Schließlich sah ich sie bei einer Freundin stehen, wo sie sicher mit verleierten Augen über meine olle Rotweinvakuumpumpenkamelle ablästerte. Beschämt schlich ich herbei. »Wir haben sie dann aber doch noch in einem anderen Laden kaufen können«, hörte ich meine Frau mit frischer Überzeugung sprechen. »Obschon er wirklich selten was in der Rotweinflasche übrig lässt.«

Partikel des Wahnsinns

Ich bin Nacktschläfer. So – nun ist es heraus! Ich bin einer dieser Männer, die bei einem nächtlichen Wohnungsbrand nicht einfach so ins Freie rennen können. Und mit solchen Petitessen ist es längst nicht getan. Nacktschläfer müssen, wenn sie gesund und munter bleiben sollen, ein wenig anders gehalten werden als Textilschläfer.

Gleichbleibend angenehme Temperaturen sind vonnöten, um auf jeden Fall die schädlichen Lupf-Winde auszuschließen, welche des Nacktschläfers Ruin sind. Den ahnungslosen Anzugschläfern zum Verständnis und ins Stammbuch: Lupf-Winde entstehen, wenn das Schlafzimmer in altdeutscher Manier kalt gehalten wird, der Nacktschläfer dann irgendwann beim Umwälzen versehentlich die Bettdecke lüpft, worauf fauchend ein Eishauch unter dieselbe fährt und ihn in den Hintern beißt.

Ich war lange ein glücklicher Nacktschläfer, bis eines Nachts das Weib an meiner Seite sagte: »Die Luft ist alle!« Ich machte schläfrig eine verneinende Körperbewegung und murmelte: »Toilettenpapier kann mal alle sein, doch nicht Luft.« Meine Frau aber stand auf und öffnete alle Fenster der Wohnung. Dann schlief sie glücklich ein, während ich stundenlang in dem temperaturmäßig zur Todeszone verwandelten Schlafzimmer vor mich hin fror.

Am nächsten Morgen beschloss ich zermartert, meine Frau mit Hilfe wissenschaftlicher Autoritäten von der nächtlichen Kaltfront abzuziehen. Am Abend hielt ich der Liebsten barsch den Telefonhörer hin. »Dein Schwager, der angehende Biogas- und Klärschlammprofessor, ist am Apparat. Er möchte dir etwas sagen.« Die Zugluftsüchtige erfuhr, dass der Sauerstoffgehalt auch jahrelang nicht gelüfteter Schlafzimmer maximal um absolut untödliche 3,27 Prozent absinken kann, aber auch nur dann, wenn der Türspalt kleiner als 10 Millimeter ist und die Tür nie geöffnet wird. Ihre Antwort machte der Aufklärung ein Ende, Galileo Galilei erneut den Prozess und lautete: »Papperlapapp! Die Luft war alle!«

Wie gern hätte ich ihr nun das Fensteröffnen erstens »ein für allemal« und zweitens »strengstens« verboten, aber leider bin ich bloß ihr Mann und nicht ihr Regimentskommandeur.

Die meisten und auch die guten Partnerschaften bestehen zu zwanzig Prozent aus nichtswürdigen Differenzen der Lebensweise, die die liebliche Melodie des Seelengleichklangs mit einem leichten Bandrauschen versehen. Aber auch lächerliche Unterschiede sind Unterschiede. Jeder Partner hat Partikel des Wahnsinns in seinem Verhalten, die man übergehen muss, wenn man die Goldene Hochzeit anstrebt. So hält mich meine Frau in Fragen der Butterdosenbedeckelung für komplett unzurechnungsfähig, nur, weil ich die Butterdose sofort wieder sorgfältig schließe, nachdem ich sie benutzt habe. Ich hingegen habe gute und ehrenhafte Gründe, die Butter unter Verschluss zu halten, denn schnell ist man beim Gestikulieren und Herumgreifen auf dem Tisch mit dem Ärmel darin hängen geblieben und muss sich umziehen.

Aber so ist es heutzutage. Die Gleichberechtigung erfordert Langmut gegenüber der Individualität des anderen. Und List, um die eigene zu behaupten. Schon nach ein paar Tagen im sturmdurchwehten Schlafzimmer rutschte die Liebste auf meinen Matratzensektor und tschilpte durchsichtig: »Begehrst du mich denn gar nicht mehr?« »Doch, doch, doch«, bibberte ich ebenso durchsichtig, »aber alles in der Natur braucht Wärme, wenn es wachsen und groß werden soll!« Und weil eine Viertelstunde später der Heizlüfter zufällig die Kerzen ausblies, konnte meine Frau mein sehr zufriedenes Grinsen nicht mehr sehen ...

Sex mit und ohne Klecks im Jahr 2000, was bekanntlich schon vorbei ist

Wir hatten uns eingeladen, gespeist, getrunken, allerlei geplaudert, und sie tat mir kund, dass sie von 1974 bis 1981 im Trainingszentrum Turnen ihren zierlichen Leib ertüchtigt und zu regional anerkannter Anmut ausgebildet hatte. Ich lobte sie mit einem etwas trockenen »Toll!«, zerquetschte die nur halb gerauchte Zigarette und winkte zappelig wie ein Erstklässler nach der Kellnerin. Auf dem gewaltigen Umweg zu ihrem Studentenheim lag zufällig mein Domizil, und ich erwähnte, dass meine Kaffeemaschine auch zu dieser späten Stunde durchaus bereit wäre, uns die eine oder andere Tasse zu brauen.

Zehn Minuten später röchelte der verkalkte Apparat den schwarzen Sud in die Kanne, und ich lungerte neben ihr auf dem Sofa und las Bleibendes aus meinem lyrischen Schaffen. Als der Kaffee fertig war, hatte ich mich rezitierend so weit an sie herangelungert, dass ich ihr abweisendes »Ich glaube, wir kennen uns noch nicht gut genug!« fast von den Lippen schmecken konnte. Ich schnellte zurück und überlegte, ob ich mich mit einem schmierigen »Ach, sei doch nicht so!« oder »Geht auch ganz fix!«, wieder anschlängeln sollte. Schließlich aber entgegnete ich kaum überzeugt »Jawohl, Verzeihung, und ich muss von Sinnen gewesen sein!« und schlurfte zur Kaffeekanne.

Als ich mit zwei dampfenden Pötten aus der Kochnische kam, lag ihre Garderobe über meinem Stuhl und sie unter der Sofadecke. Ich überprüfte die Vollständigkeit der Garderobe und kam zu der Auffassung, dass der erfolgreiche Kader des Turnsports, so er nicht alles doppelt auf dem Leib trug, mit verwirrender Wahrscheinlichkeit nur noch von der elektrostatischen Kunstpelzdecke gewärmt wurde. Ich kippte stehend die beiden Pötte Kaffee in meinen Rachen, bis mein Puls Paukenschläge tat, und deklamierte lauthals in den Raum: »Issja schon spät und da werd ich mich mal auch ...« Wir turnten stumm eine Minute, da packte sie meinen Schädel mit ihren schmalen Händen und befahl: »Sei wild und hemmungslos, du kleiner Teufel!« Da war's vorbei. Ich setzte mich auf, mein zuständiges Organ verlor sich in knabenhafter Unschuld, und ich klagte, dass ich unter solchen schundliterarischen Anweisungen nicht in der Lage wäre, die Ergebnisse jahrelangen Turntrainings auszutesten. Wir beschimpften uns gegenseitig eine Weile als »Hobby-Verruchte« oder »prahlerischer Piephahn« und trennten uns zornig.

Die enttäuschte Perle des ostdeutschen Turnsports war so freundlich, auf eine universitätsweite Bekanntmachung meiner Empfindlichkeiten zu verzichten und mir herablassende Scherznamen zu ersparen, und so wird es wohl auf immer unser beider Geheimnis bleiben.

Um hinterhältiges Schmunzeln etwas zu entzerren, darf ich Ihnen in aller Schärfe mitteilen, dass mein Verhalten, sprich Innehalten dem topaktuellen Stand der sexualwissenschaftlichen Forschungen entspricht, ja mehr noch, dass solch »Versagen« von der Glorie anthropologischer Richtigkeit umstrahlt und geadelt wird. Denn freilich ist Sex nicht im mindesten von jener drüsenhaften Biomechanik im Schritt gelenkt, sondern Zauberwerk des Zwischenohrs, welches wir Gehirn nennen. Ein Phantasiegebilde allenthalben, das von der realen Ausführung eher beeinträchtigt als erfüllt wird.

Es mag Männer geben, die sich selbst im Akt als »hemmungslose, wilde, kleine Teufel« fühlen und von obigem Spruch enorm befeuert werden, allein, ich war keiner von diesen, und hätte sie nur geschwiegen, wären wir in durchaus disparaten Vorstellungen gemeinsam über den Stufenbarren der Lust geschwungen. Wenn Sie also von Ihrer Partnerin in der Ekstase begehren, mit Tiernamen angesprochen zu werden, müssen Sie darauf gefasst sein, ein zartes »Hasilein!« ins glühende Ohr gehaucht zu bekommen. Der Sex wird raffinierter, die Anforderungen steigen planmäßig, und die Sensiblen verzichten mittlerweile immer öfter auf die Gegenwart vielleicht wohlmeinender, aber häufig störender Partner. Future Sex macht es möglich.

Wie wird der Sex im Jahre 2000 aussehen? Einige werden meinen, in den vier Jahren wird schon nicht allzu viel geschehen, und andere gieren bereits nach den Errungenschaften der Teledildonik, womit gewaltige Befriedigungsapparaturen gemeint sind, die man oder frau sich an die Vollzugsteile schnallt, um damit, von einer Pixelfigur in der Videobrille halbwegs versöhnt, in die Luft zu poppen. Abgesehen davon, dass es doof aussieht, wird es wohl auch nicht so kommen. Phantasie braucht keine teuren Krücken, sondern Raum, und das Internet lädt schon heute zu globaler Kopulationsvortäuschung.

Sie wählen sich in ein nicht ganz jugendfreies Forum und locken einen anwesenden Namen ins private Datenfach. Sie erkundigen sich per Tastatur nach der Oberweite, tippen entgegnend ein begeistertes »Wow!« und behaupten eine gewaltige Erektion im oberen Zollstockbereich. Behauptete Erektionen werden sich durchsetzen, glauben Sie mir, sie sind stabil und gelingen auch bei schwerer Grippe, Alkoholmissbrauch oder besuchsweise anwesenden Eltern, die Ihnen ein »Nun komm doch endlich vom Computer weg!« herübermaulen. Sie tippen noch schnell in Großbuchstaben »ICH KOMME!!«, warten das datenrauschende »DITO!« ab und hatten justament unbeschreiblich-beschreiblichen Verkehr mit Suzi Brown aus Ohio, was Sie sonst nie getan hätten, weil Suzi Brown altersmäßig weit in den Vierzigern und hüftmäßig weit in den Hundertern und ihr Gemahl ein breitschultriger Forstarbeiter ist, der zu Tötungsdelikten im Affekt neigt.

All die Mühseligen und Beladenen dieser Welt können durch das Internet rudeln und hudeln, während draußen an den Badestränden Körperfettanteile über fünf Prozent ausgepfiffen und nur noch Arnold-Schwarzenegger- und Pamela-Anderson-Doubles selbst bei jedem schlichten Tanztee zugelassen werden. Anstatt Benimm-Wünsche wie »hemmungsloser, wilder, kleiner Teufel« verdrossen mit dem Real-Gebaren abzugleichen, immer in Gefahr, nach fünf Minuten »Das war jetzt aber eher wie Rumpelstilzchen« zu hören, lassen Sie gleitfähige Phantasien aufeinander los. Jutta Resch-Treuwerth, die große alte Jugendaufklärerin, hatte immer wieder Recht, wenn sie stereotyp riet: »Sprechen Sie mit Ihrem Partner darüber!« Nur wäre hinzuzufügen: Belassen Sie es dabei!

Die Tricks der Frauen oder wie ich zweimal beinahe eine Freundin gehabt hätte

Es geschah in einer dieser schlichtbestuhlten Kaschemmen im Prenzlauer Berg. Sie hatte schwarzes Haar und hohe Jochbeine und schwere Lider und sah aus wie der fleischgewordene Schnittmusterbogen von Cher. Es muss diese berückend armenische Anmutung gewesen sein, die mich zu schnauzbärtiger Balz hinriss. Ich kannte sie halbwegs und setzte mich unter ausgiebigen Begrüßungen zu ihr. Nachdem ich etliche Male entgegnungslos »Da trifft man sich also wieder!« und »So eine Überraschung!« vermerkt hatte, war mein Spruchbeutel leer, und ich begann, mein Rotweinglas interessiert hin- und herzudrehen und zu begaffen, als sei ich Lebensmittelprüfer vom städtischen Hygiene-Amt.

Eine gute halbe Stunde brauchte es, bis ich die Reste männlicher Kühnheit in mir zusammengekratzt hatte und heiser in meinen Wein dröhnte: »Ich bin morgen zu einer Fete eingeladen. Willste mal mitkommen?« Sie blickte auf, ich blickte auf, aber sie blickte höher hinauf, wo sich ein mir ebenfalls halbwegs bekannter Mann ihr zum Kuss entgegenneigte. Meine ursprüngliche Blässe verwandelte sich in strahlendes Weiß, und der Dämon des grauenvollen Scherzes hieß mich sagen: »Wir können auch zu dritt gehen!« Die verbliebene Zeit des Abends verbrachte ich mit dem Versuch, so lange Rotwein zu bestellen, bis ich tot bin.

Die Geschichte intersexueller Kontakte ist lang und voller Leid, und es bleibt ein Rätsel, wie doch immer wieder Männer und Frauen zusammenfinden. Denn seit alters her werden die heranwachsenden Damen von ihren Müttern, aber auch von ihren offenbar vergesslichen Vätern mit völlig untauglichen Regeln zur Gattenwahl ausgestattet. Zuvörderst steht dabei der Generalstabsrat zur Sprödigkeit, an der sich angeblich die hechelnde Lustgewinnprognose der jungen Burschen bankrott kalkulieren soll.

Eine, verehrte Mitbürgerinnen, absolut überholte Empfehlung, die, wie ich hier ausführlich argumentieren will, von großem Übel ist, als wenn heuer noch überall feurige Schürzenjäger umherstreifen würden, die mit dem Sperrfeuer damenhafter Distanz handzahm gemacht werden müssten. Seine Heiratsstrategie auf der nimmermüden Liebestollheit schnell entflammter Herren aufzubauen, kann dazu führen, dass man mit Mitte vierzig entnervt den dicken Kioskbesitzer von drüben über der Straße vor den Traualtar schleift.

Was ich sagen will, ist Folgendes: Männer im paarungswilligen Alter sind keine Versicherungsvertreter und umgekehrt! Sie rufen nicht dauernd an, um zu hören, ob jetzt oder in vier Wochen vielleicht die Möglichkeit besteht, mal einen unverbindlichen Termin zu machen. Niemand ist schneller zu entmutigen als ein Mann in der schönen, aber flüchtigen Zeit zwischen Akne und Arthrose. Wäre es da nicht angebrachter, sofort freundlicher gegen jedwede milde Zuneigung zu sein und die oft frustrierten Männer zu ermuntern, solange sie noch

Kraft zum Lieben haben? Wie viel zum Greifen nahes Partner-Glück ist schon verpufft, weil Frauen darauf verzichteten, den ersten Schritt zu tun oder sich sonst wie deutlich auszupreisen und ins Angebot aufzunehmen.

Einst klemmte ein Zettel an meiner Tür, in dem ein wunderblondes, zitronenduftendes Mädchen namens Ulla, der ich weißnichtmehrwo begegnet war, ihr vergebliches Vorbeigekommensein registriert hatte. Schnippisch hatte sie auf ihre Adresse verzichtet, wo ich doch immer schon singlewund an jede Namensnennung meine meldepflichtigen Daten anfügte, und ich nässte den Zettel mit meinen Tränen, da ich jetzt nur noch auf den Buhler Zufall hoffen konnte, der freilich in einer Millionenstadt Besseres zu tun hatte. War es meine mangelnde Entflammtheit, die mich davor zurückhielt, mit dem Megaphon durch die Stadtviertel zu ziehen und sie auf diese Weise zurückzurufen?

Nicht anders verhielt es sich mit Dorit, mit der ich mich an manchem Abend in gleichsam siamesischer Seelenverwandtschaft aalte. Ich ahnte ja nicht, dass gerade ihre vorschnelle Ehe auf das Schönste zerbrach, und anständig trollte ich mich zur Schlafenszeit aus dem Haus der Verehrten und erging mich trübselig sowohl im Park als auch in Phantasien. Ein Jahr später, sie war schon wieder anderweitig gebunden, erzählte sie mir launig bei einer Grillparty, wie sie damals auf meine Zudringlichkeit gehofft hatte, und ich zerrieb gequält grinsend eine Tüte Studentenfutter zu Staub.

Zu den Unterbefehlen der Sprödigkeit gehört auch,

sich nicht vorschnell küssen zu lassen. Kennen Sie die grübelnden Selbstberatungen eines nicht völlig verwahrlosten Mannes, der im Gesicht der Angebeteten nach Signalen der Kussbereitschaft fahndet? Stellen Sie sich vor den Spiegel und versuchen Sie ernsthaft, einen zarten, nicht theatralischen Kusswunsch in ihr Antlitz zu bugsieren! Erkennen Sie irgendwas? Nein, nicht? Vielleicht können Sie, geneigte Vertreterinnen der Gegenseite, ermessen, dass der respektvolle, erste Kuss in den neunziger Jahren nichts mit dem drangvollen Klammeraffen Clark Gables aus »Vom Winde verweht« zu tun hat, sondern eher mit einem Bungee-Sprung, bei dem Mann erst einen Meter vorm Aufschlag erfährt, ob er angeseilt war oder nicht. Bevor Sie, geschätzte Leserinnen, aber vor Mitleid mit meinem jammervollen Schicksal schluchzend das Buch aus der Hand legen, will ich Ihnen das gute Ende wider alle amerikanischen Kunstregeln nicht vorenthalten.

Ich hatte angelegentlich eines Besuches im Schwimmbad schon festgestellt, dass mein einsamer Leib über die Jahre die Form eines Apfelmännchens anzunehmen drohte, weil meine dünnen Beine nicht zusammen mit dem Wanst verfetten wollten und alsbald weder zur Verführung armenischer Schönheiten, zitronenaromatischer Blondschöpfchen und selbst lang vertrauter Freundinnen taugen würden, und war nahe dran, am Schwimmbeckenboden ein letztes verächtliches Blubbern an die Oberfläche dieses vertrackten, grausamen Geschlechterlabyrinths zu schicken, als ich mich feige besann und nach Hause ging, wo nur Kühlschrank und Bücherbord meine unförmige Gestalt ertragen mussten.

Am Abend schellte es, und eine schüttelfrisierte Rothaarige stand in der Tür, die mich vor Tagen vergeblich zum Kaffee eingeladen hatte. Sie trat ein und begann in schneller Folge, alle festgeschriebenen Lebensmannfindungsregeln zu missachten. Statt vornehm am Weinglas zu nippen und mich alle erdenklichen Themen durchstottern zu lassen, wie es das Büchlein empfiehlt, stürzte sie eine Flasche Landwein in sich hinein und sprudelte los. Ich hockte verführerisch wie Falstaff im Sessel und glotzte. Hatten nicht Ratgeber dringendst empfohlen, den persönlichen Seelenmüll im eigenen Eimer zu lassen und Männer geheimnisvoll mit spärlichen Entgegnungen anzutröpfeln, bis sie hecheln? Was tat sie? Sie schüttete ihr verkorkstes Leben, ihre verunglückte Ehe, die bitterste Not alleinerziehender Mutterschaft in meine Bude, dass es selbst hartgesottene Sozialarbeiter in den Suizid getrieben hätte. Sie sprang auf und rief klagend ins Zimmer: »Ich bin ganz allein!«, und ich sprang hinzu und schrie heulend: »Ich auch!« Dann schlug die Uhr und sie sich an die Stirn und barmte gestenreich: »Jetzt ist auch noch meine letzte Bahn gefahren, ich Unglückliche!« Ich ergriff sie an den Händen in diesem Elend und sprach: »Ich habe zwei Betten. Eins hier im kuschelig warm geheizten Zimmer, wo ich selber nächtige, und eins dort im klirrend kalten Nebenraum. Wähle unvoreingenommen!«

Es dauerte keine Minute, bis klar war, dass sie auch imstande war, das letzte eiserne Gebot aus der buchstabengelehrten Kunst, den Mann fürs Leben zu finden, rücksichtslos zu überschreiten, werden doch bekanntermaßen die schärfsten Worte dafür gefunden, niemals und bei keiner Gelegenheit das erste Rendezvous in ein zünftiges Gebalge ausarten zu lassen. Umsonst. Als ich sie am nächsten Morgen noch einmal nach ihrem Namen fragte, wusste ich noch nicht, dass wir schon einen gemeinsamen Sohn hatten.

Die Kunst, den Mann fürs Leben zu finden, war mir in aller Deutlichkeit vorgeführt worden. Nichts zu merken davon, dass sich Single-Frauen durch gekonnte Zurückhaltung die tiefe Verehrung und warme Liebe ihres Traummannes erschleichen sollen.

Wenn Sie sich also zunächst nur höchstens zweimal die Woche mit dem Mann Ihrer Wünsche treffen, wenn immer Sie das Rendezvous beenden, sich nicht auf kurzfristige Verabredungen einlassen, sich mit Ihren privaten Problemen eher bedeckt halten, aufrichtig, aber geheimnisvoll bleiben und sofort Schluss machen, wenn er Ihnen keine Blumen schenkt, dann können Sie erwarten, keine leichte Beute für einen Mann zu werden – es sei denn, Sie haben das untrügliche Gefühl, sofort eine leichte Beute werden zu müssen, was ich allerdings nur empfehlen kann.

Meine ultramarinweiße Hose

Was zieht man an, wenn man aus den Röhrenjeans herausgewachsen ist, aber noch keine Thrombosestrümpfe tragen muss? Oder anders gefragt: Wie kleidet sich der Mann von mittlerer Statur im mittleren Alter? Das ist eine wichtige Frage, allein schon deshalb, weil sie jeden Tag neu beantwortet werden will oder doch zumindest jeden dritten Tag (wenn die Frau einem nichts vorschreibt, weil sie gottlob mal den Schnupfen hat) oder schlimmstenfalls alle paar Jahre (wenn die Frau wegen eines chronischen Schnupfens leider erblindet ist).

Was mich betrifft, geht es hier nicht um irgendwelche Anlässe. Mein Leben ist weitgehend frei von Anlässen, und ich kann mir eigentlich überziehen, was ich will. Das Spektrum meiner Kleiderwahl wird nur von einigen wenigen Wünschen begrenzt: Ich möchte nicht als vermeintlich »hilflose Person« von der Polizei aufgegriffen werden. Es soll aber auch nirgendwo scheuern und zwicken. Und: Ich möchte so aussehen, wie ich glaube, dass ich aussehe. Der letzte Wunsch allerdings ist prekär. Natürlich kenne ich mich vor allem von zwei, drei gelungenen Fotos, aber es gibt mittlerweile ernstzunehmende Hinweise darauf, dass ich in Wirklichkeit wahrscheinlich so aussehe wie auf dem gekrakelten Bild meines Sohnes in der Kindergartenübung »Ich male meinen Vati«.

Ein Hinweis war folgender: Ich habe mal aus Versehen nach vielen Jahren wieder einen knappen Slip von Calvin Klein angezogen (ich mein, es war nicht wirklich sein Slip, sondern nur einer, der unter diesem Label verkauft wird), tja, und ich kann das nur jedem Mittdreißiger empfehlen, der mal seinen Lebenswillen testen will. Wahrscheinlich werden diese knappen Slips nur entwickelt, um Haltungsschäden in schonungsloser Heimdiagnose sichtbar zu machen. Das Ding liegt jetzt zur Strafe als Designer-Lappen im Schuhputzkasten.

Mit voluminösen Kordhosen, Rollkragenpullovern und Gummistiefeln hingegen kann man jedoch sich selbst sowie argwöhnischen Orthopäden und Physiotherapeuten eine Weile was vorgaukeln. (Wie gesagt: eine Weile. Meine einschlägig tätige Schwiegermutter soll nach meinem Antrittsbesuch gesagt haben: »Netter Kerl! Vielleicht etwas verwachsen.«) Doch als ich wieder einmal glücklich meine ausgebeulten Kordhosen in die fußschweißvergorenen Gummistiefel falten wollte, sprach mich die gutaussehende Frau, die mit mir die Wohnung teilt, von hinten an: »Sach mal, Pidder Lüng, soll ich dir mal was Anständiges zum Anziehen kaufen?« Ich bejahte gespannt. Einen Tag später bekam ich ein ultramarinblaues Hemd mit gestärktem Kragen und eine ultramarinweiße Hose mit handbreiten Umschlägen, die ich beide vorsichtig mit der lächelnden Skepsis eines Zirkuszuschauers anzog, der plötzlich von wassereimerbewaffneten Clowns in die Manege gezerrt wird. »Na bitte!« frohlockte meine Frau, als sie mich präkonfirmiert herumdrehte.

Die weibliche Bekleidungsstrategie für den Partner ist schnell durchschaut. Freilich soll der Mann gut angezogen sein, aber andererseits soll seinem Outfit etwas leicht unpassend Gockelhaftes anhaften, das andere Frauen zuverlässig abschreckt. Ein Mann, der sich von seiner Frau einkleiden lässt, läuft quasi »markiert« herum. Andererseits fragte ich mich besorgt, ob meine Frau mich vielleicht tatsächlich in ihren Träumen als Yachtkapitän oder Golfdandy ersehnt. Das ist aber schließlich doch nicht der Grund, warum ich jetzt immer morgens mit den von meiner Frau ausgesuchten Feintextilien am Frühstückstisch erscheine, dezent meine Schnitte verzehre und beim Zeitungslesen beiläufig sage: »Lass mich doch der Kleinen den Karotten-Spinatbrei füttern!« »Bleib lieber, wo du bist!«, ruft dann meine Frau gereizt und bugsiert den Löffel vor das prustende Kind.

Familienvater bei Nacht

Es ist halb zwölf. Ich schlafe so tief, dass Ärzte im Schlaflabor zweimal die Rollen wechseln müssten, um meine Hirnwellenamplitude vollständig aufzuzeichnen. Das Telefon klingelt. Ich springe wie ein Ninja-Krieger aus dem Liegen in den Stand und hetze zum Telefon. Um diese Zeit kann es nur ein Notruf sein! Meine Verwandtschaft ist stark übergewichtig, und es steht täglich zu erwarten, dass einer meiner Onkel oder Tanten nächtens ächzend in der Nasszelle stecken bleibt oder nach dem Puschenanziehen nicht mehr von selbst in die Höhe kommt und mit Stangen wieder aufgerichtet werden muss.

Um diese Zeit kann es nur ein Notruf sein! Oder – der Ulfi. »Ich bin's! Der Ulfi!«, trötet der abgehobene Telefonhörer. »Ich habe dir vor 45 Minuten eine SMS geschickt! Warum reagierst du nicht?« Das ist erst mal keine schwere Frage: Ich kann nicht den ganzen Tag reagieren. Ich bin schließlich kein Reaktor.

Mehr noch aber scheint mir dies eine gute Gelegenheit, mal wieder richtig herumzubrüllen. Gibt es ja nicht mehr so häufig. Heute müssen viele Menschen ungebrüllt durchs Leben gehen. Oder wüssten Sie auf Anhieb jemanden, den Sie öfter mal so richtig nach Herzenslust anbrüllen können, bis die Stimme Purzelbäume schlägt? Ich lege mir also schon ein paar deftige Brüller zurecht, etwa die klassische Tour »Sag mal, hast du sie noch alle???? Weißt du eigentlich, wie spät es ist????« oder besser noch die brutal machohafte »Hast du in der Schule gefehlt, als die Uhr dran war? Ich klingel dich zu Asche, demnächst mal nachts!! Ich telefonier dich in Stücke, wenn das noch mal passiert!!!!!« (Das bringt mich auf eine gute Idee: Ich werd mal Brüllseminare geben. Zum Beispiel: Brüllen im Alltag. Wie brülle ich meinen Wurstverkäufer an? Brüllen bei Festlichkeiten. Die hohe Kunst des Damenanbrüllens!)

Leider hat sich der Puls in meinem athletischen Körper dann doch so hurtig beruhigt, außerdem flüstert mir mein soziales Gewissen gerade, dass ich meinen Ruf beschädigen könnte. Nachher heißt es: Schwarz – der Spießer! Der Kleinbürger! Der Familienvater! »Ich hab ihn kurz nach der Tagesschau angerufen, und da lag er schon im Bett!«, wird der Ulfi in allen Kneipen, durch deren Bestuhlung ich einst so anmutig geschwankt bin, herumhetzen. Jetzt also nicht die Nerven verlieren und den Schwächling markieren. Klar, bin ich noch wach. »Mensch, gut, dass du dran bist, ich hätte dich eh gleich angerufen«, sage ich freundlich wie ein Nervenarzt, drehe mich um und sehe das halb aufgeweckte Antlitz meiner Frau im Schlafzimmer, die nicht weiß, ob sie meine Reaktionsschnelligkeit bewundern oder beargwöhnen soll. Wer so authentisch lügt wie ich, der kann gleichzeitig drei Geliebte nebeneinander haben, im Vorstand einer verbotenen Partei sitzen und Rheuma-Mittel aus Sägespänen verkaufen.

Des Ulfis Nachfrage legt dennoch nahe, dass ich mir

einiges eingebrockt habe. »Und was sagst du dazu?«, fragt er. »Du kannst Sachen fragen ... «, verschaffe ich mir zehn Sekunden Luft, währenddessen ich mein Handy hochfahre, die »Schalt mal ARD ein!«-SMS des befreundeten, gleichwohl außergewöhnlich anerkennungshungrigen Journalistenkollegen Ulfi lese, die Internetseite des Senders aufrufe, um zu sehen, was ich verpasst habe. Endlich finde ich die Ankündigung und sage: »Also, ich hab schon lange nicht mehr so ... Dichtes, gleichwohl Zurückhaltendes, aber auch Ergreifendes über das ... Schicksal herrenloser Hunde in Odessa ... gelesen ... äh, gesehen.« Dann darf ich wieder ins Bett. »War es was Wichtiges?«, fragt meine Liebste schläfrig. »Oder war es Ulfi?«

Völlig von Sinnen

Im Fernsehen hatte Gisela May einmal schlimmen Liebeskummer. Irgendein Surabaya-Jonny hatte sie verlassen, und sie tentakelte gepeinigt mit den Armen in die Kamera und sang eine Reihe von Vorwürfen. Neben Gisela May war es in den vergangenen Jahren vor allem der Mann, dessen Bild in meinem Ausweis klebt, der einige gehörige Liebeskümmernisse erleiden und miterleben musste.

Das erste Mal galt der frische Kummer meiner unerfüllten Liebe zu einer Englischlehrerin namens Monika, der ich regelmäßig im abendlichen Kuschelbettchen eine noch überaus gestaltlose Zuneigung telepathisierend zuschickte, während die Pop-Gruppe »Smokie« in meinem spanhölzernen Stern-Radiorekorder »I meet you at midnight« versicherte, wozu ich leise mitwimmerte. Schließlich kam meine Mutter und befahl, dass ich »at midnight« fest zu schlafen habe und deswegen das Geheule eingestellt werden müsse, was ich peinlich ertappt befolgte. ›Kalte Mutti!‹, dachte ich. Aber was hätte die verstörte Frau auch sagen sollen? Etwa: »Das sind die dunklen Säfte erwachender Männlichkeit, die nun dein junges Herz belasten, aber warte, Sohn, nimm diese Arznei aus Salpeter, das wird das Brodeln tilgen«? Ich schlief unruhig und träumte, dass ich der adretten Englischlehrerin ausgerechnet mein Aquarium zeigte, wozu ich später als Student erschrocken feststellen musste, dass es sich bei traumsymbolischen Fischen stets um knallharte Metaphern aus dem Fortpflanzungsbereich handelt. (Zu allem Überfluss waren es auch noch Spritzsalmler!)

Einige Jahre später gelang es dann doch einem Liebeskummer, mir den Schlaf vollständig zu rauben. Meine strohblonde Freundin Jana hatte bekannt gegeben, das weitere Leben mit einem Maschinen- und Anlagenmonteur und seinem Schäferhund zu fristen, und ich trübwandelte grimmig durch das düstere Neubauviertel Berlin-Hohenschönhausen, als eine Polizeistreife meiner ansichtig wurde. Die Polizeistreife konnte ihren Namen und ihren Dienstgrad auswendig und forderte, dass ich den Mülleimer, den ich gerade umgetreten hatte, wieder ins Stadtbild zurückrücken solle. Ich erläuterte, dass ich wegen einer Herzensangelegenheit leider von Sinnen sei. »Das kennen wir«, prahlten die beiden Ordnungshüter mit Lebensklugheit, »und morgen ist der Liebeskummer vorbei, aber der Mülleimer liegt hier immer noch rum!«

Sie hatten Recht, berserkerhaftes Wüten zeitigt im Liebeskummer kaum beruhigende Ergebnisse. Das Stürzen von Mülleimern an Bushaltestellen oder seiner selbst von Hochhäusern löscht den Kummer nicht, sondern gibt ihn nur an die Stadtreinigung oder an die Gerichtsmedizin weiter. Liebeskummer verlangt athletisches Leiden an den Grenzen der eigenen Wünsche. Wer Kraft für langanhaltenden Gram braucht, muss sich seine Energien einteilen, damit er auch morgen noch traurig sein kann und vielleicht etwas weniger. Was die beiden Polizisten mir eigentlich sagen wollten, aber mangels theoretischer Unterfütterung nicht ausdrücken konnten, ist doch, dass die gesellschaftlichen Verhältnisse in der Bundesrepublik mit hoher Einwohnermobilität, einer Vielzahl wählbarer Lebensstile und einem gediegenen Unterhaltungssektor den Liebeskummer von einer existenziellen Frage zwangsverheirateter Apothekertöchter zum Erlebnisraum mit beliebigen Ergebnissen heruntergedoktert haben.

Jörg war nicht eben der »Ich bin okay, du bist okay«-Typ, eher schon das klassische Vollbild der Hysterie und hielt sich überdies für den bundesgrößten Zeitungsschreiber, was empfindlich mit meinem Selbstbild als bester lebender deutschsprachiger Postillenautor kollidierte. Im Herbst '90 schäumte er blass in die Redaktion und umklammerte die Abschlussbeurteilung seiner Beziehung, deren weibliche Hälfte gerade vor ihm geflohen war. Er machte Anstalten, in den nächsten Minuten an Atemnot auf dem Büroboden einzugehen, wenn er nicht sofort seine entschwundene Freundin mit wehen Anklagen zur Vernunft zurückschreien könne. Der väterliche Notfallpsychiater in mir (»Können Sie mich verstehen? Wie viel Finger sind an meiner Hand?«) bot ihm an, uns gemeinsam ins Auto zu werfen und die Spröde auf dem Kontinent aufzustöbern.

Wir fanden sie in ihrer Berliner Hinterhauswohnung, wo Jörg zunächst vergeblich wie ein Specht gegen die Tür klopfte, unter der ein Lichtspalt seiner Hoffnung entgegenleuchtete. Schließlich, gerade war ein korpulenter Nachbar im ungepflegten Feinripp herausgekommen, um an uns sein offensichtlich beträchtliches Vorstrafenregister zu ergänzen, erbarmte sich die Einzige und ließ ihn ein. Ich sah mich verblüfft ausgeschlossen und bot vor dem erbosten Nachbarn meine ganze Volkstümlichkeit auf, um unversehrt zu bleiben. Drinnen zeterte es von Das-alles-nicht-verstehen und Besser-sosein-für-uns-beide und Warum-warums in allen Tonlagen, bis es gewaltig krachte und splitterte. ›Jetzt hatterse totjeschlagen, irre von die Schmerzen‹, dachte ich originalisch, aber die Tür ging endlich wieder auf, und beide wirkten gut verschmust vor einer zerfallenen Garderobe, die der Liebe mächtigen Hineinwurf nimmer zu halten vermocht hatte.

Ich grinste aufmunternd. Die von sich selbst abgefallene Wiedererrungene lächelte verlegen zurück. Sie hatte funkelnde braune Augen, wallendes Haar und gehörte selig am Strand herumspaziert. Und ich grübelte verwirrt, dass ich sie nie kennen gelernt hätte, wenn ich einem mir durchaus gleichgültigen Bekannten nicht den Chauffeur d'amour gespielt hätte, und dass ich es fatalerweise dieser altruistischen Anwandlung verdankte, dass es nunmehr mit möglichen Strandspaziergängen doch auch gleich wieder Essig war.

Als der Versöhnte und ich wieder durch die Nacht ins Erwerbsleben zurückreisten, sprach ich fies: »Eigentlich hast du es doch verdorben!«, und malte ihm aus, wohin ihn ein tiefer unheilbarer Liebeskummer hätte führen können, denn immerhin wäre ein solcher Schmerz durchaus imstande gewesen, aus seiner reizbaren Natur einen vom Wahn verzauberten Visionär und Geisterseher zu bilden. »Zunächst hättest du vielleicht Krämpfe, Katalepsien, Fieber und Blutungen bekommen, aber irgendwann wärst du vollständig magnetisch geworden und hättest mit fremder Stimme kommendes Unheil verkünden können!« Der zufriedene Jörg verdrehte die Augen. »Ich meine, profilierungsmäßig ist der Liebeskummer immer vorzuziehen, bewegende Verse, Stimmen in der Nacht, Drogenexzesse. Statt dessen hast du dir jetzt ein gestundetes Glück ertrotzt. Ihr passt doch gar nicht zusammen!« Der Bekannte sah mich finster an, und die Fahrt blieb still bis an ihr Ziel.

Aber noch häufiger als der Irrtum, nur mit einem Menschen glücklich werden zu können, stürzt die Entdeckung, dass man mit noch ganz anderen Menschen nahtlos aneinander passt, die Zeitgenossen in Seelenwirbel. Zuweilen besuche ich eine Fitness-Halle, um meine Skelettmuskulatur von den dort herumliegenden Hanteln verhöhnen zu lassen, aber als ich kürzlich wieder eine gewaltige Eisenlast aus den Zwängen der Schwerkraft zu befreien versuchte, sah ich Christa.

Sie hechelte schweißnass über das Laufband und versuchte, die Kraft zu einem Begrüßungslächeln aufzubringen, weshalb ich sie mit einem Wink an die Bar erlöste. Christas einst adrettes Mittvierzigervolumen war um wenigstens zehn Prozent geschrumpft, und sie erläuterte mir atemlos ihren neuen Nährplan. Ich erwiderte kalt, dass die erwachsene Haut mutwilligen Fettverlust gewöhnlich mit schnöder Einrunzlung quittiert und dass man in der zweiten Halbzeit seines Daseins sein Aussehen mit gelegentlich zu verzehrenden Sahnetörtchen frisch halten sollte. Überraschenderweise fand ich meine jugendliche Offenheit nicht mit einem Schwall heißen Kaffees belohnt, sondern Christa an der Schwelle des Schluchzens, denn all die Mühe am Leib war einzig dem Ziel verschworen, die entfleuchende Zuneigung eines Mannes zu bannen, der nicht der ihre war, sondern ein Holzbildhauer.

Ich begann zu ahnen, dass außer Surabaya-Matrosen vor allem Holzbildhauer in diesen verflucht derben Tweed-Sakkos die Herzen reifer Frauen zu brechen imstande sind. Und wann war je des Lebens mürrisches Schlurfen vollständiger in den Galopp geraten als eben Christas, während sie, die Pumps an zwei Fingern baumelnd, die holzbildende Einöde verließ? Reichlich Sägespäne am Rock. Freilich hatte sie nicht an Trennung gedacht, der Gatte ein durchaus gewohnter Geselle mit der gutmütigen Zuneigung Langvermählter, sie wollte nur ein dauernd glühendes Widerlager fern der lauen Vertrautheit, aber so sind unsere Holzbildhauer nicht. Christa fluchte gegen ihre Tränen an. »Ist es zuviel verlangt, wenn man noch einmal mit voller Wucht gemeint sein will?« Mir fiel partout nichts Desillusionierendes ein, und wir verdarben unsere Sportlerlungen mit Zigarettenqualm.

Himmel, dachte ich, was ist denn nun, wenn es doch kein flüssiges Ich gibt, mit welchem man den gefährlichen Liebschaften galant entschlüpfen kann. Was ist, wenn gemeinsame weltanschauliche Grundlagen und

Hobbys, Sexualitätsvitalisierungen, wenn die Analyse frühkindlicher Geschmacksprägungen, Streitkulturistik und Verführerbüchlein, wenn Körpersprachkurse nicht vermögen, das Alles oder Nichts gewaltiger Leidenschaften und Anfechtungen zu kurieren? Oder sollte Julia an Romeos Leiche doch besser sagen: »Das scheint mir hier aber eine Verkettung von leidigen Missverständnissen zu sein, die ich schleunigst bewältigen werde, um reif für die nächste Beziehung zu sein.«

»Willst du mich splitten?«

Das einzige Problem an meiner Frau ist, dass sie nicht meine Frau ist. Ich würde zwar meine Frau gerne heiraten, aber ich trau mich nicht. Es ist nicht wegen schlechter Erfahrungen oder so. Die meisten meiner Erfahrungen mit Frauen haben aber so was von oben an der Glocke angeschlagen, dass ich schon allein mit den keuschesten Nacherzählungen meiner Liebschaften selbst verbitterte Junggesellen zu selig lächelnder Verklärung anstiften könnte. Nein, es hat damit zu tun, dass meine Frau weiß, dass ich sie dringend heiraten möchte, und etwas von mir erwartet.

Wäre ich Angestellter eines Sonnenstudios, könnte ich mir mit einer Schablone ein vollproll-romantisches »Heirate mich!« auf den Brustmuskel bleichen lassen oder noch woandershin, wo dann erst mal nur »He ... h!« zu lesen stünde. Wäre ich ein Metzgergeselle, könnte ich meiner Liebsten zwei Bratwurstschnecken auf dem Teller ineinanderflechten, deren speckklöteriger Doppelring den Bund fürs Leben andeutete. Wäre ich von Beruf Geisterfahrer, könnte ich mit geschickten Manövern am Schkeuditzer Kreuz eine Massenkarambolage anrichten, in der die Kfz-Kennzeichen in Reihenfolge des Zusammenpralls »WER(Wertingen) DE(Dessau) MEI(Meißen) NE(Neuss) FR(Freiburg i.B.) AU(Aue)« ergeben würden. Ich habe aber keinen anständigen Beruf, in dem die Originalitätslatte bei Heiratsanträgen in Griffweite liegt. Ich bin ein so genannter Kreativer, und meine Frau erwartet quasi aus Gewohnheit etwas »Nochniedagewesenes«.

Das ist nicht einfach. Schnell ist der Braten gerochen, wenn bei der harmlosen Butterbrotpause auf einer Burgruine plötzlich die New Yorker Philharmonie mit Kurt Masur vorbeigekraxelt kommt und beim zufälligen Wegsehen blitzartig die Instrumente zückt, um auf Eins das Adagio von Paganinis Erstem Violinkonzert übers Tal schmelzen zu lassen.

»Bastel ihr doch was Schönes!«, sagte mein Sohn, als wir beim Frühstück über die H-Frage sprachen. »Vorschläge wie dieser sind übrigens der Grund, warum Kinder noch nicht heiraten dürfen«, knurrte ich zurück. »Kindern fehlt der Sinn für Proportionen! Junge, deine Mutter ist die Erfüllung meines Daseins, Auftrag und Belohnung zugleich, unter Milliarden ähnlich und vielleicht sogar mehr tauglicher Männer wurde ich einzig auserwählt, jeden Abend mit dem Blumenduft ihres Wallehaars in der Nase einzuschlummern ... und dafür soll ich ihr einen Papierfrosch falten, der ›Willstu mich zum Manne?‹ quakt?« »Fänd ich okay«, erklärte der Sohn, und ich schickte ihn entnervt mit einer Hucke voll Dienstpflichten durch Bad und Kinderzimmer.

Angemessenheit und Originalität sind jedoch keineswegs die einzigen Zutaten eines schmeichelhaften Heiratsantrags, auch das Timing muss stimmen. Wer sich so lange geprüft hat wie wir, muss gute Gründe haben, die Prüfung plötzlich für beendet zu erklären. Sollte ich vielleicht nach dem Durchsehen meiner Steuerunterlagen meine Frau kurz mal im Flur anhalten und sagen: »Du weißt ja, dass ich an und für sich an dir nix auszusetzen habe, und da wir in 2003 voraussichtlich innerhalb der gesetzlichen Grenzen des Ehegattensplittings bleiben, möchte ich keine Sekunde warten, deiner unbezahlbaren Zuneigung noch einige geldwerte Vorteile hinzuzufügen! Kurz gesagt: Willst du mich splitten in guten wie in schlechten Tagen?« Nachdenklich rieb ich mir mein Kinn, vermutlich der Körperteil, der als erster die Antwort meiner Frau vernehmen würde, als dieselbe mit dem blondverfitzten Trollmädchen auf dem Arm in die Küche kam und beiläufig sagte: »Übrigens, was ich dir gestern schon sagen wollte, nimm dir mal für Mitte nächsten Juli nichts vor!«

DAS KIND AM MANNE

Am 14. Tag

Ich bin nicht mehr zwanzig, aber ich habe mich den größten Teil meines Lebens in warmen Räumen aufgehalten, regelmäßig meine Mahlzeiten eingenommen und in den letzten Jahren sogar meine Rückenmuskulatur durch das Sitzen auf einem Gummiball in Idealspannung gehalten, was mir nicht leicht gefallen ist, weil es albern aussieht und sich auch sehr unmännlich anfühlt. Wie auch immer: Es macht keinen Spaß, mir beim Altern zuzusehen, weil über die Jahre so wenig passiert. Männer wie ich denken ernsthaft darüber nach, sich die Haare grau zu färben, um endlich mal ein Auto kaufen zu können, ohne dumme Fragen nach den Eltern beantworten zu müssen.

Neben der chemischen Haarbleiche gibt es freilich noch ein anderes probates Mittel, grau zu werden. Das andere Mittel kommt dreimal in der Nacht angetippelt, einmal, um zu sagen, dass es mal pullern muss, das zweite Mal, um zu sagen, dass es nicht nur pullern, sondern noch viel mehr muss, und das dritte Mal, um mitzuteilen, dass – aber bitte nicht böse sein – die ganze Papierrolle bei einem wichtigen Balancierexperiment in die Klosettschüssel gefallen ist und sich nicht hinunterspülen lässt, obschon man es mehrmals versucht hat, weshalb nun im Bad ... Aber herrje, so sind Kinder! Genau das wollte ich. Hatte ich bekommen, und nun geht es schon zur Schule und kann sämtliche Entwicklungsstufen von Bisasam aufsagen.

Eines Morgens, als ich wieder einmal meinen makellosen Körper und mein jugendfarbiges Haar angeödet im Spiegel registrieren musste, sagte ich zu meiner Frau: »Ich will noch so eine kleine Nervensäge. Es hat nicht gereicht. Ich brauche die doppelte Ladung. Leg mir mehr auf!« Die Frau bedeutete mir freundlich die lohnenden Tage.

Ein zweites Kind zu zeugen ist jedoch keine Frage und schon gar kein Triumph des Willens. Als wir nämlich fristgerecht gerade mal ganz doll wollten, kam der Erstgeborene mit halbgeschlossenen Augen ins Gemach getrabt und behauptete routinemäßig und ohne tiefere Regungen, er hätte einen Alptraum. Sofort erstickte die Zärtlichkeit der Eltern die der Gatten – sie ließen ihn herein. Wir verabredeten uns für die Morgenstunde, wenn das Kind zur Schule gegangen sei. Doch kaum hatte ich mich morgens wieder unter der Decke zur Liebsten geschnurrt und sie für mich begeistert, klingelte es. »Mach nicht auf!«, sagte die Erwärmte. »Es ist bestimmt nur ein fieses Einschreiben, womöglich mit einem übelwollenden Rückschein!« War es aber nicht, weil es noch fünf Minuten dauerklingelte, wie nur jemand dauerklingelt, der sicher ist, dass da oben noch jemand öffnen kann und besser sollte, weil man in Unterhose turnen muss, wenn man sein Sportzeug vergessen hat. Es war klar, heute Nachmittag würde das erste Kind so lange fernsehen gucken dürfen, bis das zweite fix und fertig gezeugt wäre. Leider war das TV-Programm nicht danach. Außerdem hatte der Stammhalter Hunger und wollte wissen, ob wir krank wären, weil wir tagsüber im Bett lägen. Ich schlurfte abgeklungen in die Küche und überlegte, ob nicht Kinder zuverlässig weitere Kinder verhüten, und löste nebenbei das Rätsel, warum meine ältere Schwester zwar, wie es guter Brauch ist, im Rausch, ich aber in einem abgelegenen Heuhaufen gezeugt wurde. Man darf aber nicht ungeduldig werden: Irgendwann wird der 14. des Monats schon der Samstag sein, an dem die Oma Zeit für ihren Enkel hat.

Der Fluch der Ypsilon-Namen

Es fing ganz harmlos an. Ich aß wie jeden Morgen mein Wurstbrot. (Der so genannte Süßfrühstücker gehört in meiner heldisch-männlichen Wertelandschaft zu den schmählichsten Herabwürdigungen überhaupt.) Ich wollte gerade herzhaft in mein Sülzfleisch beißen, als meine Liebste sich den Mund verschloss und aus der Küche floh. Der Sohn guckte mich an und fragte voll grundschulmanierenmäßiger Fürsorglichkeit: »Hääа? Wassen mit der?« Ich leckte mir die Schmalzfinger ab und grinste: »Wehe deinen Pokemon-Sammelkarten, denn es wird einer kommen, der sie durcheinanderbringen wird! Wehe auch deinen Lego-Burgen, denn du wirst sie zerbrochen finden. Wehe aber vor allem deinen Slizern, deinen Robo-Ridern und all den anderen unaussprechlichen Plastikmonstern, denn es werden ihnen kostbare Teile an entscheidenden Stellen fehlen, und niemals wieder werden sie gefunden werden.« Der Sohn grübelte eine Weile und sagte schließlich vorwurfsvoll: »Man soll sein Kind morgens nicht verarschen, weil sonst kann es sich in der Schule nicht konzentrieren!«

Einige Wochen später saß meine Frau mit einer Latzhose auf der Couch, sortierte Ultraschallfotos und fragte mich, wie es heißen soll. Ich antwortete: »Es soll nicht Cornelia heißen, damit es keine Streberin wird, es soll aber auch nicht Birgit heißen, denn alle Birgits werden leider üble Petzen. Ich bin für Phoebe, denn das heißt ›die Sonne‹.« Die schon recht üppige Liebste tippte sich an die Stirn. »Mädchen, die Phoebe heißen, tragen Sonntagskleidchen, weiße Strümpfe und Lackschuhe. Mein Kind soll aber aufgeschlagene Knie haben, mit ganz viel Schorf dran, sowie verzwirbelte Haare und außerdem vorlaut sein.« »Dann muss es aber ein Name sein, der sich leicht schimpfen lässt«, erwiderte ich. »Leicht schimpfbar muss der Name sein, aber auch seriös und ein bisschen einschüchternd, damit es später Karriere machen kann!«, ergänzte meine Frau, und ich fand, dass selten soviel Weisheit in einem solch betörenden Körper verpackt wurde. Die Frage, wie jemand heißen soll, ist an Grundlegendheit nicht zu überbieten. Längst schon haben Psychologen knifflige Tests zur Intelligenzerwartung und Attraktivität von Vornamen gemacht und herausgefunden, dass panische Ingenieure bei einem drohenden Atommeilerunglück lieber den Untergang Westeuropas in Kauf nehmen würden, als eine gerade herumstehende Spezialistin zu fragen – nur weil sie Nancy Schmidt heißt. Tja, liebe Ronnys und Dannys, liebe Mandys und Sandys, euch wird nie der Bundespräsident auf das Wohl des deutschen Volkes vereidigen! Euer Kopf wird nie auf dem Großbildschirm der Hauptversammlung eines Weltkonzerns erscheinen! (Es sei denn für Sekunden beim Hinstellen des Wasserglases auf das Rednerpodest.) Ypsilon-Namen sind klassische Unterschicht-Namen, die nichts anderes bedeuten, als dass den Eltern der durchaus landesübliche Weitblick fehlte, um vorauszusehen, dass ihre Kinder eines Tages fünfzig Jahre alt und hundert Kilo schwer und ergo alles andere als niedlich sein werden. (Wo der Versuch, niedlich zu bleiben, enden kann, sieht man ja an Danny de Vito.)

»Wir sollten ihm einen Namen geben, der nicht ungewöhnlich ist, damit es sich nicht sonder was drauf einbildet, aber es muss ein Name sein, der gleichzeitig doch ein hohes Maß an Verpflichtung enthält, für hohe ethische Maßstäbe steht und an einen schönen Menschen erinnert«, resümierte ich. »Gut«, sagte die Frau, »nennen wir es also Papa.«

Aufmarsch der Pinguine

Am Start erkennt man den Sieger! Es kann daher nicht schaden, wenn man seinem ungeborenen Kinde das Beste des deutschen Liedgutschaffens durch die Bauchdecke säuselt, um die Hirnreifung anzuregen. Fünf Minuten pränatales Gesinge, und unsere Kinder können mit fünf Jahren nicht nur entzückende Häuser malen, sondern sogar den Flächeninhalt der Giebelseite ausrechnen samt Effektivzins des Baukredits. Von solchen Aussichten berauscht, besang ich gerade die dralle Mitte meiner Liebsten, als ich vom Bauch eins auf die Nase bekam. »Ich hätte tot sein können! Weißt du, was passiert, wenn einem das Nasenbein ins Hirn getreten wird? Exitus!« Meine Frau lag auf dem Diwan und strich sich über den nackten Bauch, der still und glatt war, als sei noch nie eine dieser tückischen Beulen auf ihm erschienen. »Hab dich nicht so! Babys treten nun mal.« Für mich war die Sache klar: Das Kind war nachweislich zu kräftig geworden und musste schleunigst entbunden werden.

Aber wo? Es ist doch so: Eine moderne Frau kann sich heute bei hinreichender Wehenverdichtung nicht einfach ein Taxi rufen und im Rücksitz keuchen: »Ins nächste Krankenhaus!« Sachliche Niederkünfte in Allerweltsspitälern sind so was von out oder auch, um mit der gepiercten Zunge neueren Jargons zu sprechen, so was von »has been«! Die gute alte Zeit, als in vollgefliesten

Kreißkammern ebenso damenbärtige wie breitschultrige Hebammen den Geburtsvorgang mit knallharten »Jetzt reißense sich mal zusammen!« und »Hab ich schon irgendwas von Pressen gesagt?« durchkommandierten, ist lange passé. Ein »einzigartiges Gebärerlebnis«, eine »wundervolle Geburtserfahrung« sind die Forderungen des Tages, und wer zum Wunschkind die Wunschgeburt haben möchte, tut gut daran, die städtischen Krankenhäuser einem scharfen Casting zu unterziehen. Die Krankenhäuser wissen das, und wenn bei den wöchentlichen Kreißsaalführungen die Hochschwangeren wie Pinguine hereingewackelt kommen, öffnen die Hebammen das Füllhorn moderner Geburtsschmankerln. Bikinifähiger Kaiserschnitt auf Wunsch (»Passt es Ihnen Dienstagvormittag?«), Viertel-, Halb und Dreiviertelnarkosen für furchtsame Erstgebärende, die lieber nicht vollständig bei der Geburt dabei sein wollen. Geburt mit Partner, Schwiegermutter, mit Vertretern der Bundesregierung oder einem bekannten Schlagersänger. Geburt mit Gummiball, Stützbeuteln, Gebärhocker, am Seil, in der Wanne oder aufs Roma-Rad geflochten. (Das ist so eine Kreuzung aus Kosmonautenschleuder und Arbeitsbühne, in welcher die Gebärende per Fernbedienung millimeterweise in jede erdenkliche Position gekippt werden kann. Hebammen, die so was empfehlen, kann man daran erkennen, dass sie einen Helm mit Grubenlampe aufhaben.)

»Ich weiß nicht so recht, wie ich mich fühlen werde, wenn es soweit ist«, klagte meine Frau nach der Klinik-Tour. »Frag einfach jemanden, der weiß, wie er sich fühlt, wenn es soweit ist«, schlug ich vor. Meine Frau, deren äußere Behäbigkeit in keinem Verhältnis zu ihrer geistigen Behändigkeit stand, fragte mich. »Wir nehmen das zweite Krankenhaus«, entschied ich, »das hat als einziges eine Couch für die Väter zum Ausruhen – und außerdem ist daneben eine Steckdose für den Gameboy.«

Eifersucht

Die ersten Wochen im Leben eines kleinen Babys sind nicht nur für die Mütter etwas anstrengend. Sie sind vor allem für die nun alleinernährenden Väter das exakte Gegenteil von dem, was früher im Klassenkampf »erhöhte Wachsamkeit« genannt wurde. Gut, und nachdem ich im ICE einem BWL-Studenten die Diplomarbeit gelöscht hatte, weil ich seitwärts auf seine Laptoptastatur ins Schlafkoma kollabiert war, bestand mein Nervenkostüm sozusagen nur noch aus Unterwäsche.

Insofern fiel meine Reaktion möglicherweise nicht so abgeklärt aus, als mir meine Frau bei der Heimkehr eröffnete, der Sohn sei frech gewesen und hätte ein wichtiges Telefonat mit selbsterzeugten Rülpsgeräuschen gestört. Die junge Mutter sowie die anwesende, auch noch sehr junge Großmutter wären machtlos gewesen. Ein Fall für seine väterliche Eminenz, den Hochkommissar für gutes Betragen. »In dein Zimmer!,« kommandierte ich das Kind. »Schreibe dort zehnmal: Ich rülpse nicht, wenn meine Mutter telefoniert!« Die Oma schlug die Hände über dem Kopf zusammen. »Himmel, Schwiegersohn, so erzieht man doch heute nicht mehr!« Ich begrübelte den Hinweis der erfahrenen Großmutter, gab ihr Recht und änderte die Order: »Schicke zehnmal eine SMS ›Ich rülpse nicht undsoweiter‹ an das Handy deiner Mutter.«

Die Oma ergriff nun meine Schultern und blickte mich mit einem dieser grundgütigen Oma-Blicke an, den Omas meines Erachtens heimlich in speziellen Gütiger-Blick-Ausbildungslagern trainieren. »Der Junge wollte doch nur auf sich aufmerksam machen. Wahrscheinlich ist er auf sein kleines Schwesterchen eifersüchtig. Er braucht jetzt viel Zuwendung.« Da war es wieder. Der Wunsch, ein höfliches Kind zu haben, muss oft über die hohen Hürden entwicklungspsychologischer Ausreden springen, und oft genug scheitert er daran. Mein Sohn konnte bisher seine etlichen Charakterschanden relativ erfolgreich hinter postnatalem Stress, einem Kita-Wechsel, zeitweise drohender Hochbegabung und einer multiethnischen Schulklasse, die in ihrer Zusammensetzung fast schon der UNO-Vollversammlung ähnelt, verteidigen – die Aussicht, dass er sich jetzt auch noch im unwegsamen Gelände einer Geschwisterkonkurrenz nebst Vernachlässigungssyndrom verstecken konnte, ließ meinen Mut sinken. Würde ich mich auch bald bei der Frage ertappen, was mein Sohn symbolisch ausdrücken wollte, als er seinem Mitschüler mit dem Spielzeugauto völlig unsymbolisch die Lippe blutig schlug? Ich straffte mich. »Quatsch, Eifersucht, Unsinn!«, entgegnete ich meinen Zweifeln wie meiner Schwiegermutter. Und damit mein Sohn merkte, dass nun ein anderer Wind wehte, gingen wir Drachen steigen.

Als wir eine Weile unsere Sturmvögel in die Wolken gehängt hatten, hakte ich noch mal nach. »Sohn, fühlst du dich in letzter Zeit allein gelassen? Sprich offen!« Der Sohn verneinte und meinte: »Aber du, was?« Ich ersuchte um Auskunft. »Weil du doch vorhin die blonde Frau fragen musstest, ob sie dir mal helfen kann, weil du ihn alleine nicht hochgekriegt hast, und sie erst nicht wusste, wo sie anfassen sollte bei deinem Drachen.« Ich war mir nun zwar sicher, dass mein Sohn nicht eifersüchtig war, wollte aber nicht mehr ausschließen, dass meine Frau ganz frei davon sein würde, wenn sie sich beim Sprössling nach dem schönen Nachmittag erkundigte. »Aber nicht, dass du deiner Mutter davon was erzählst«, sagte ich. »Aber nur, wenn ich dir mal zeigen darf, wie toll ich rülpsen kann!«, erwiderte das liebe Kind, und wir gingen unter unsäglichen Geräuschen heim.

Lob der späten Schönheit

Wenn Vati spät von Arbeit kommt, ist das Haus voll mit der lärmenden Stillgruppe. Ein halbes Dutzend ischiasgeplagter Tragetuchmütter plaudert sich Fencheltee schlürfend durch die Küche und schüttelt und beklopft die sabbernden Pausbäckchen auf ihren Armen, die noch nicht ahnen, mit welchen wundersamen Namen sie durchs Leben kommen müssen. Trischa, Miranola und Bette-Berit sind keine Markenhaushaltsgeräte, mittelalterlichen Instrumente oder Vitaminmangelkrankheiten, sondern liebreizende Wuschelchen, die schon länger das Köpfchen heben können als ihre Opas und in guten Nächten anderthalb Stunden durchschlafen. »Trotzdem«, sagte meine Frau, als wieder Ruhe eingekehrt war (der sonst so geräuschvolle Großsohn und Stammhalter bildet seit dem Geburtstag mit dem langersehnten Gameboy eine Art bioelektronisches, aber eben tonloses Gesamtmodul), »unser Baby ist doch das schönste.« »Alle Mütter finden ihr Baby am schönsten«, erwiderte ich etwas hirntot, während ich die Post nach frischen Rechnungen, die noch ein bisschen liegen mussten, und überreifen Mahnungen sortierte. »Findest du denn unser Baby nicht schön?«, fragte meine Frau und blickte noch einmal zur Vergewisserung auf das Töchterchen, das auf dem Schoß friedlich ein Kuscheltier einspeichelte. »Ich finde, unsere Tochter sieht ein bisschen aus wie der ehemalige Berliner Tierparkdirektor Prof. Dr. Dr. Dathe. Wenn sie lacht, ähnelt sie allerdings eher dem früheren WDR-Intendanten Friedrich Nowottny«, antwortete ich ehrlich, aber eine ehrliche Antwort war dieses eine Mal nicht erwünscht. »Wie kannst du nur so etwas Herzloses sagen?«, klagte die Kindsmutter verletzt, »ich sollte wirklich einen Bluttest machen lassen.« »Ich liebe unser Baby!«, beteuerte ich. »Aber es hat etwa fünf dünne Haare auf dem Kopf, und wer etwa fünf dünne Haare auf dem Kopf hat, kann nicht unvoreingenommen als ...«

Die Madonna mit dem Kinde verließ den Raum. Deshalb kam ich nicht dazu zu sagen, was ich eigentlich noch sagen wollte. Und es war dies: Wer jemals auf einem Klassentreffen war, weiß, dass Schönheit vergeht. Das ist auch völlig korrekt, denn was gibt es Versöhnlicheres als das klammheimliche Aufatmen, wenn die Klassenschönste von einst heuer als sonnenbankgetrockneter Stockfisch oder von allzu viel Cremelikör am Eigenheimkamin zur Mondlaterne umphysiognomiert an der Tafel erscheint. Und so was hätten wir vor zwanzig Jahren auf Händen getragen, denken wir grinsend. Aber jeder, der jemals auf einem Klassentreffen war, kennt auch den umgekehrten Fall. Schönheit vergeht nämlich nicht nur, Schönheit kommt auch. Ich wusste schließlich auch nicht, als ich seinerzeit mehr mit dem Herzen als mit dem Moped raste und sich manch hübsches Fräulein in meinem Plattenbauzimmer rekelte, dass nur ein paar hundert Kilometer weiter hinten am Zonenrand ein Mädchen sich die rechteckig geschnittene Brille an die Nasenwurzel schob, sich das aus Kostengründen kurz geschnittene Haar raufte und über Logarithmen büffelte – ich wusste nicht, dass ich diesem Mädchen zehn lange Jahre meines Lebens nachlaufen würde, den gesamten Rilke auswendig lernen und Floristik im Nebenfach studieren würde und blanke Stellen an den Hosentaschen haben sollte, wegen des allzu häufigen Feucht-Hände-Abwischens, wann immer ich sie sah.

P. S. Außerdem wollte ich zum Lobe unseres Babys noch sagen, dass Friedrich Nowottny, glaube ich, nicht so lustig gluckst, wenn man ihn hochwirft ...

Krabbelnde Hanteln

Mit der Phantasie der Kinder ist es nicht so weit her. Das muss leider mal gesagt werden. Jaja, ich weiß, dass viele Menschen Kinder für Sprudelquellen kunterbunter Ideen halten, aber das können nur Menschen glauben, die entweder keine Kinder persönlich kennen oder Kinder mit was verwechseln und jetzt bloß nicht auf den Namen von dem Zeug kommen.

Ich jedenfalls spielte meiner riechbar vollgekackten Klein-Tochter ein Handpuppenballett mit der Prinzessin und dem Polizisten vor, als der Stammhalter hinzukam und mitmachen wollte. Sein Vorschlag: »Erst kommen das Krokodil und der Teufel und verkloppen die Prinzessin und den Polizisten, und dann entführt der Teufel die Prinzessin.« So was ist nun Bonussänger im Schulchor! Ich defibrillierte mühsam den zusammengebrochenen Waldorf-Pädagogen in mir und ergänzte mit zähneknirschender Milde: »Fein, fein, da ist schon sehr viel Schönes dabei, aber wie wär's, es stellt sich nun heraus, dass der Teufel eine japanische Karateprinzessin entführt hat, die ihm plötzlich ein Teufelshorn abhanden kantet, um sich daraus einen Flaschenöffnergriff zu basteln. Jetzt wiederum wird der Teufel vom Polizisten gejagt, weil der ihn für das letzte Einhorn hält ...«

Super Plot! Überraschend! Witzig! Absolut spielbar! Keine großen Monologe oder symbolische Tanzeinlagen, vor denen Kinder zurückschrecken! Aber mein Sohn warf sich in die für solche Zwecke bereitstehende Kuschelecke und schrie: »Nein, das will ich nicht spielen. Ich will das spielen, wo die sich immer verkloppen!« Ich erhob mich brüsk, warf die Puppen in die Kiste, hob die Hände zum Himmel und beklagte lauthals, dass mich der familiäre Umgang mit meinem Nachwuchs unbefriedigt lasse und es zu befürchten sei, dass am Ende meiner Tage der künstlerische Staffelstab ins Leere gereicht werde. »Wozu dann aber Kinder?«, fragte ich das Schicksal. Die Antwort erfolgte prompt. Unter gellendem Geschrei reckten sich zwei kleine Wurstarme an meinem Knie hoch. Ich beugte mich seufzend. Nun ja, meine Klein-Tochter wohnt quasi auf meinem Arm. Der geistigen Schwächung durch Kinder steht nämlich ein körperlicher Trainingseffekt gegenüber, der es in sich hat. Ärzte sollten überhaupt beim Kinderwunsch nicht den Unterleib der angehenden Mutter aushorchen, sondern den Bizeps des Möchtegern-Vaters messen. (Ein Problem mehr im schrumpfenden Deutschland: »Wir können keine Kinder haben. Mein Mann ist zu schlapp!«)

Wer sich im Body-Building ein bisschen auskennt, weiß, dass man mit einem Gewicht von zehn Kilogramm bei guter Gesundheit einarmig etwa 50 Wiederholungen machen kann und sich dann ein wenig ausruhen sollte. Vielleicht an die Bar gehen, einen Protein-Shake schlürfen und so. Aber das Body-Building würde sicher an Beliebtheit einbüßen, wenn einem das 10-Kilogramm-Gewicht ständig hinterhergekrabbelt käme und solange herumplärren würde, bis man es wieder hochnähme. Ich komme allerdings schon am Vormittag auf 500 Wiederholungen ohne Pause. Body-Building verhält sich deshalb zum Baby-Traging wie Klöppeln zum Iron-Man-Triathlon. Egal, ob bei der Post, beim Ökowucherer oder im Tierpark, stets wackle ich seitwärts beschwert wie ein Hüftkranker mit meinem anhänglichen Wonneproppen durch die Botanik. In wenigen Monaten wird mein Bizeps Oberschenkelumfang erreicht haben, und ich werde meine Hemdsärmel aufschneiden müssen, um noch hineinzugelangen ... »Na, wie war euer erster gemeinsamer Tag?«, fragte meine ins Arbeitsleben zurückgekehrte Frau, als sie heimkam. »Nimm sie mal kurz«, sagte ich und reichte ihr das freudig zappelnde Kind.

Vorbestrafte Blicke

Es ist nicht gut, wenn man zuviel mit Kindern spricht. Insbesondere ich habe meinem Sohn sicher zu oft Auskunft und Erläuterung gegeben. Dann passiert so was, dass der aufgeweckte Knabe mit mir nach dem Brötchenholen die Kaufhallenrampe runterschlittert und seinem ausgestreckten Finger hinterher schreit: »Guck mal, Papa! Da sind wieder die Alkoholiker!! Die, die nichts geworden sind, weil sie in der Schule faul waren! Stimmt's?!« Die Männer, die am Geländer vor dem Getränkeladen ein erstes Samstagmorgendosenbier verzehrten, guckten gleich noch mal so vorbestraft, und ich zerrte das täppische Kind um die Ecke. »Hör mal, das muss man ja nicht in der Gegend rumschreien!«, erzog ich ihn gereizt zur Heuchelei, während ich mir vornahm, bei seinen nächsten verschlampten Hausaufgaben ein garantiert ortsfremdes Beispiel zur moralischen Ertüchtigung zu wählen. »Eh!«, beruhigte mich mein Sohn, »du kennst doch Uki Goshi!,« und in seinem Gesicht leuchtete schon die Bild-Zeitungsschlagzeile »Judokreismeister von 1976 tötet in Notwehr sieben alkoholkranke alte Männer mit Hüftwurf!«

Mit Kindern in der Öffentlichkeit unterwegs zu sein ist ein bisschen wie mit offener Hose auf die Straße zu gehen. Manchmal geht's gut, aber meistens nicht. Das Problem ist nämlich zweigeteilt: Erstens kennen moderne Kinder (ich betone: moderne Kinder, also vom ersten Windelwechsel an voll stimmberechtigte Menschheitsmitglieder mit angeborenem Weltjugendsprechermandat, nicht diese schüchternen Bleichstängel, die wir selber waren) den Unterschied zwischen Heimsprech und Fremdsprech nicht, und zweitens werden Kinder meistens mit grob fasslichen Märchenerklärungen abgespeist, die der zehnsekundigen Aufmerksamkeitsspanne von Super-RTL-Zuschauern angemessen sind. So was geht draußen in der komplexen Interdependenz natürlich regelmäßig gegen den Baum. Nachher denkt noch einer, man rede wirklich zu Hause so, was freilich um so peinlicher wirkt, wenn es tatsächlich so ist.

Ich bin mir sicher, dass Saddam Hussein nie mit seinem Sohn zusammen einkaufen gegangen ist, weil der kleine Iraki-Racker sicher urplötzlich und aus der Kalten den Dattelverkäufer angeplapppert hätte: »Weißt du was, Onkel Dattelverkäufer? Mein Vati plant einen Angriffskrieg gegen den Kuwait! Morgen früh geht's los!« Bums! Der Diktator und der Dattelverkäufer hätten sich einen Moment verkniffen angesehen, die Leibwache hätte die Kalaschnikows unmerklich in Richtung Dattelstand justiert, aber dann hätte Sadam Hussein endlich losgeplauzt: »Herrje, Kinder!!« Und sofort hätte der Dattelverkäufer beflissen gesagt: »Ja, Kinder! Da staunt man manchmal, nicht wahr!!« Und selbst die Leibwache hätte zwei »Diese Kinder, also nein!!«-Lachsalven abgefeuert, sich demonstrativ noch einmal in die Rippen geboxt, und der Präsidententross hätte sich wieder sehr langsam, sehr behutsam weiterbewegt, nicht ohne dass der Diktator seinem Sohn »aus Versehen« auf den großen Zeh getreten wäre.

Andererseits hat Kindermund auch eine gute Seite. Man kann ihn als Waffe gebrauchen. So waren diesmal Mutter, Tochter und Sohn gleichermaßen fröhlich, als sie vom Spielplatz wiederkamen, wo meine Frau vor Tagen einen unschönen Streit mit einer geizigen Eisenmutti um ein unschuldig entwendetes Sandförmchen gehabt hatte. »Wir haben wieder die Frau getroffen, die nach der Schwangerschaft ihr altes Gewicht noch nicht wiedergefunden hat«, tönte mir stolz mein kluger Sohn entgegen, und meine Liebste grinste teuflisch.

Der Haustierfrieden

Ich komm ja viel rum. Ich würde sogar sagen, mein Erwerbsleben gleicht rumkommensmäßig einem immerwährenden Präsidentenwahlkampf. Ich spreche wöchentlich mit mehr Menschen über ihre Probleme als Sigmund Freud in seinem ganzen Leben, und wenn ich von alldem nicht so erschöpft wäre, würde mir sogar noch ein dritter Vergleich einfallen.

Aber das Journalistenleben hat auch seine positiven Seiten. Stichwort Korruption. Wie oft ich schon irgendwo umsonst gegessen habe oder Geisterbahn gefahren bin. Geht alles aufs Haus! Einmal aber erwirkte ein Großtiermarkt mein journalistisches Wohlwollen mit einem weißen Zwergkaninchen. Ich dachte: Da wird mein liebes Kind aber Augen machen, wenn ich nach Hause komme und ein putziges Albinokaninchen aus der Jacke zaubere. Tatsächlich war der Kronsohn wegen dem Häschen völlig aus dem Häuschen. »Ein Häschen nur für mich? Papa – du bist der Allergrößte!« So werden Väter ja sonst nur geherzt, wenn sie aus dem Krieg heimkehren.

»Aber Papa, guck mal, das Häschen haart ja meinen ganzen Pullover voll!« Das Häschen haarte nicht nur, es kratzte auch noch und machte nachts »Geräusche«. Zwei Tage später stand der Käfig des Tieres, das meinen Sohn Verantwortungsgefühl und die Liebe zur Kreatur lehren sollte, im Flur.

Zwei Wochen später stand meine Frau im Arbeitszimmer (Lebensqualität ist Gesundheit plus eigenes Arbeitszimmer) und sagte: Der Hase hat was am Kopp! Und zwar eine Eiterbeule. Wir fuhren zum Tierarzt, wo nur noch ein Rottweiler aufs Entwurmen wartete und sich angesichts der unvermutet eingetroffenen »Brotzeit« um den Verstand bellte.

Der Veterinär diagnostizierte beim Hasen eine Zahnwurzelentzündung und eröffnete uns, dass mit einigen riskanten, wöchentlich zu wiederholenden Operationen à 100 Mark am offenen Häschen die Überlebenschance des putzigen Hausgenossen auf wenigstens dreißig Prozent erhöht werden könnte. Nun, meine Eltern entstammen dem nutzwertorientierten Weltbild der mittelbäuerlichen Landwirtschaft, und so entfuhr es mir: »Doktor, da machense das Vieh mal besser tot, und dann hat sich's!« Ich sah meine Frau an, in deren Augen die Entschlossenheit des Flight Commanders von Apollo 13 hervorblitzte und die mir zu verstehen gab: »Wir haben noch nie einen Mann im All verloren, und auch dieses schwerkranke Albinokaninchen werden wir nicht verlieren.«

Ich malte meiner Frau auf der Heimfahrt den urszenischen Schrecken des Kindes aus, wenn es eines Morgens den Mümmelmann mit verleierten Augen und im Todeskampf erstarrt am Fressnapf fände, aber umsonst. Schon nach wenigen Monaten ging mir die allmorgendliche und allabendliche Wundversorgung mit Skalpell und Spritze leicht von der Hand, dass ich nachts auch nicht mehr so zerschlagen war, wenn der Streckverband am

Häschenkopf um eins und um vier erneuert werden musste. Mittlerweile sind wir sogar Freunde geworden, und das Häschen mit dem faden Namen Thomas (mein Sohn fand, es gäbe keinen besseren als diesen) darf abends mit auf dem Sofa sitzen, kiloweise weiße Haarflusen auswabern und ferngucken. Und wenn meine Frau mal kurz aus dem Zimmer ist, schalte ich um: »... der Unterkiefer der Python lässt sich problemlos aushaken, und so kann sie auch dieses Kaninchen vollständig in sich hineinwürgen.« Dann ist Thomas total fertig, und wenn meine Frau wiederkehrt, tue ich so, als hätten wir die ganze Zeit Bücherjournal geguckt.

Wo liegt es denn?

Die Trollprinzessin war etwas wund. »Lass sie doch eine Weile ohne Windel herumlaufen. Das ist gut für den Po«, sagte meine Frau vor dem Einkauf. Und obwohl ich das für keine gute Idee hielt (ich bin eher so der Tinkturen-und-Salben-Mann), war ich ihr zu Willen. Mit Müttern ist nicht gut streiten. Mütter beziehen ihr Wissen aus anderen Welten. Mütter spüren so was. Da lässt sich schlecht gegen anspüren. Die Trollprinzessin prallte sofort mit dem Pavianpo davon und verschwand in den unendlichen Weiten der Wohnung, wo endlos abrollbare Klopapierrollen, Schubläden voller zerreißbarer Fotos und unkontrolliert schwingbare Kaminschürhaken vor Riesen-Aquarien auf sie warteten.

Als ich die Kleine nach einer Weile wieder einfing, bemerkte ich im unteren Bereich des Kindes deutliche Spuren dessen, wofür Windeln eigentlich erfunden wurden. Aber eben nur Spuren. »Wir haben jetzt exakt zwei Stunden Zeit, den Rest zu finden!«, sagte ich mit übermenschlich beherrschter Hysterie zu meiner zurückgekehrten Frau, die gelassen Erdnussflips in eine Schale füllte.

Zwei Stunden, bis die Party losgehen würde. Zwei Stunden, in denen wir ohne die tätige Mithilfe von UNO-Inspekteuren, ohne Wärmebildsensoren und NASA-Satellitenfotos die von der teuflischen Trollprinzessin verminten Zimmer frei räumen mussten. Ich mach eh schon selten richtige Partys – und dann das.

Der Grund für meine geringe Gastlichkeit ist aber nicht Geiz oder Furcht vor unaussaugbaren Krümeln in den Sofaecken. Der Grund ist: Ich habe zu viele Freunde. Es sammelt sich ja im Laufe der Jahre viel Freundschaft an. Mal irgendwo länger geblieben und nicht aufgepasst beim Nachschenken, schon ist man sich sympathisch und verspricht, sich von nun an öfter zu treffen. Da man schlecht sagen kann: »Geht leider nicht, ich hab schon fünf Freunde!«, kann daraus schnell ein Zweitjob als Berufsfreund werden. Ökonomische Geselligkeiten, indem man drei spontane Zusammenkünfte listig zusammenlegt, werden hingegen nicht goutiert. »Klar doch, kommt vorbei!«, jault man dann Sonntagmorgen zerschlafen ins Telefon, »wenn's euch nicht stört, dass Hiltrud mit ihrem hyperaktiven Kind und Jörn mit seinem neuen Saxophon auch noch da sind.« Da sind die lieben Freunde eigen. Zu Recht.

Als einzige Ausnahme böte sich tatsächlich die Quartalsparty an. Bis zur Gleichgültigkeit tolerante Menschen wie ich leiden jedoch oft unter disparaten, ja unversöhnlichen Bekanntschaften. Da heißt es dann bei Partys, durch die Räume schleichen und die Konversationen überwachen, damit die militanten Globalisierungsgegner dem Fondsmanager für die osteuropäischen Schwellenländer nicht zufällig das falsche Stichwort geben. Durchs Fasten erleuchtete Menschen stehen plötzlich doppelt ernüchtert neben delirierenden Wodkawachteln, die ihre Zigaretten mit großer Geste im Kichererbsenbrei ihres Gegenübers ausdrücken. So offensichtlich es aber ein Fehler ist, all diese Menschen zu einer gemeinsamen Party einzuladen, so katastrophal wäre auch, seine Partygäste irgendwie auszuwählen. Man kann nur alle einladen. Sonst können nämlich nichtgeladene Freunde sehr geladen reagieren, und der schlimmste Feind, den man sich denken kann, ist sowieso der ehemals beste Freund.

»Hoffnungslos!«, keuchte ich am Rande des Bandscheibenvorfalls, als ich von der Wohnungsdurchsuchung in Babyhöhe zurückkehrte, während meine Frau dem diesmal besonders unverständig dreinblickenden Töchterchen mit »Ahah?«-Fragen in allen Varianten zusetzte. Es war dann schließlich kurz nach Mitternacht, als beim Topfschlagen ...

NEUES VON DEN ALTEN

Die Nackten und die Fakten

Im Jahre 1988 standen Doktor Hollmann und ich am Ostseestrand. Doktor Hollmann war eine internationale Kapazität. Er besaß sogar einen Regenschirm der westdeutschen Firma Bayer, den er für null auf einem Kongress in Köln bekommen hatte. Wir siezten uns. »Was machen Sie denn eigentlich so?« – »Ich studiere.« – »Welche Fakultät?« – »Journalistik.« – »Soso.«

Ich hatte die Hände in die Seiten gestemmt und merkte, wie der Schweiß aus meinen Achseln die Rippen hinunterlief. Keine glückliche Haltung. Ich ließ meine Arme fallen. Meine Hände baumelten an den Schenkeln. Auch nicht so toll. Ich nahm die Hände auf den Rücken und zeigte Doktor Hollmann meinen Bauch. Ich holte die Hände wieder hervor und verschränkte meine Arme vor der Brust. Das Beste wäre es gewesen, die Hände in die Hosentaschen zu stecken, aber meine Hosentaschen lagen fünfzig Meter weiter auf einer karierten Decke.

Ich war nackt. Doktor Hollmann war nackt. Frau Hollmann und Fräulein Hollmann auch. Ich war in meinem blauen Trabant Kombi nach Rügen getöttert, um der berückenden Arzttochter meine Aufwartung zu machen, und fand mich unversehens unter schamlosen Nacktbadern wieder. Respektspersonen, die mir unter knappem Hinweis auf die Privatsphäre die dringend notwendige Beiwohnung im Mädchenzimmer aus massivem Kirschbaum verwehrt hatten, entblößten sich vor mir und hielten ihre bürgerlichen Leiber in die Sonne. Dann geschah es. Eine kühle Brise wehte mir um die Lenden, und mein Glied schrumpelte ein. Ich stand nackt und bleich wie ein Kartoffelspross nach einem langen Kellerwinter und krumm wie ein orthopädisches Abnormitätenmodell mit einem eingeschrumpelten Glied am FKK-Strand. Jetzt ins Koma fallen und erst wieder aufwachen, wenn alle Zeugen verstorben sind.

Freilich waren solche peinlichen Anwandlungen fehl am Platz. Der Nudismus der würdevollen Hollmanns war nur die Vollendung einer eingefleischten Sittenstrenge. Es ist ein gerade im Osten des Vaterlands weitverbreiteter Irrglaube, dass die Nacktbaderei eine Nische der Ungezwungenheit ist. Tatsächlich verlangt das barleibige Dasein an der Frischluft ein übermenschliches Maß an Selbstkontrolle, um sich in der unnatürlichen Situation des Nacktseins ganz natürlich zu geben. Offensichtlich von der Kälte eingeschrumpelte Penisse werden unter Freikörperkulturisten nicht begutachtet und nicht diskutiert. Die Nudisten tragen allesamt ein Kleid aus Blicklosigkeit und defokussieren gräulich, damit das schweifende Auge nicht doch einmal an den entblößten Intimteilen haften bleibt.

Dabei gibt es allerlei zu sehen. Gern hätte ich Frau Hollmann nach der Herkunft ihrer Operationsnarbe befragt, und ebenso gern hätte ich mich bei Doktor Hollmann nach dem Geheimnis des gleichmütig in beachtlicher Größe hinunterhängenden Zeugers erkundigt, dem weder steife Brisen noch eisige Junibäder im Meerwasser etwas anhaben konnten. Und freilich hätte ich mich auch gerne innig an die lang entbehrte Blöße der Tochter Hollmann geschmiegt, wenn nicht zu befürchten gewesen wäre, dass das unstete Teil sich über das erträgliche Maß nudistischen Wegschauens hinaus entschrumpelte.

Das Nacktbaden bleibt eine paradoxe Angelegenheit. Im Juni des Jahres 1995 kam es am – nun ja, aber doch treffend – Schwarzen Busch genannten Teil des Ostseestrandes zu einem Vorfall, der Laienanthropologen wie mir schlimme Grübelfalten in die fast noch jugendliche Stirn fräste. Nackichte Menschen, die sich im schmalen Streifen der Abbruchküste dörrten, wurden auf einen jugendlichen Einheimischen aufmerksam, der vom höher gelegenen Teil des Landes mit einem Feldstecher die herumlungernden Anatomien beäugte. Der Frevler wurde sofort von ein paar entschlossenen Männern im Adamskostüm gejagt und wäre beinahe gefasst worden, wenn er nicht unter Aufbietung seiner Ortskenntnis durch ein Sanddorngebüsch gestürzt wäre, das seinen Namen ganz wesentlich wegen der Dornen trägt. Vor diesem natürlichen Hindernis mussten die Naturbelassenen kapitulieren, da sonst die nahtlose Bräune wohl auf immer mit Nähten versehen worden wäre. Unter Fluchrufen wie »Spanner« und einem Begriff, der die eingeschlechtliche Befriedigung volkstümlich umschreibt, kehrten die Zornkönige zu ihren Lagerstätten zurück.

Was sollte das? Der Spanner beschaut für gewöhnlich doch nur etwas, was verborgen bleiben soll. Menschen aber, die sich in der an Öffentlichkeit kaum zu überbietenden Offenheit eines Strandes von jedweder Kleidung entledigen, sollten nicht erbost sein, wenn sie als das erkannt werden, was sie sind – nämlich nackt. Es war dies kein Einzelfall. Schon der Autor des klassisch knapp betitelten Werkes »FKK in der DDR« warnt die »selbsternannten Sittenwächter« im Nacktareal »vor Übergriffen auf bekleidete Spaziergänger«. Gab es wirklich gänzlich ununiformierte Volkspolizisten, die behoste Muschelsucher peinlich zwangen, sich gemäß des aufgestellten Hinweisschildes freizukörpern oder in den Textilsektor zurückzuweichen? Man mag es nicht glauben, aber warum sollte ein sozialistischer Autor unter der Zensur auch noch Kritikwürdiges erfinden?

Wir sind am Dilemma des Nackten angelangt, das im »Magazin« seine doppeldeutige Existenz schon Jahrzehnte in Doppelseiten entfaltet. Für den Nudisten ist die Nacktheit natürlich, weil sie asexuell ist, und das ist eine verwegene These schon deshalb, weil die Nacktheit seit Jahrtausenden erfolgreich im Dienst der Erotik steht. Der FKK-Strand ist freilich als erotisch aufgeladener Schockzustand kaum zu denken, in dem die Menschen kurzatmig gerade liegen, weil sie sonst übereinander herfallen würden. Der nackte Hochschulabsolvent rettet sich aus dieser Verlegenheit, indem er behauptet, der bloße Leib des Menschen sei schön an sich.

An den perfekten Proportionen wird es kaum liegen. Sonderlich symmetrisch ist er ja nicht, der Homo sapiens, bis auf die wenigen mit Silikon ausgewuchteten Damen, die aber im gleichwohl nackten, aber immer noch einkommensschwachen Osten eher rar sind. Eher schon ist der Nacktbadestrand ein Panoptikum der Evolution, das uns die absonderlichen Einfälle der natürlichen Zuchtwahl vor Augen führt. Alle Menschen sind gleich unterschiedlich. Flaschenförmige, quadratisch Unpraktische, Sanduhrgleiche. Ist es also eine unschuldige taxonomische Freude, die SystematikerInnen aller körperlichen Spielarten im Sommer aus den Klamotten treibt?

Eher doch ist es so, dass die Nackten gar nicht nackt sein wollen, sondern nur vollständig braun. Vom französischen Schriftsteller Michel Tournier stammt die Beobachtung, dass ein dunkelhäutiger Mensch von fast unerheblicher Nacktheit ist, wohingegen der Weiße, dessen blaue Adern noch durch die dünne Haut schimmern, wahrlich freigelegt ist. Winternackte Europäer, die aus purer Lust an der Natürlichkeit ihre Mitmenschen unbekleidet an der Wohnungstür empfangen, haben wir trotz zunehmender Zentralheizung fast nur im Bereich klinischer Obhut oder im Film, wenn der athletische Gasmann den allzu lang vernachlässigten Zähler heftig ablesen muss. Dem sonnensuchenden Nudisten reicht also die Kleidung nicht, er muss auch die Haut mit dicker Farbe einbrennen, weil ihm schon die bleiche Blöße zu obszön scheint.

Niemand auf dieser Welt will einfach nur nackt sein, nicht einmal der Einsiedlerkrebs, der sein rosiges Hinterteil geschickt in einer leeren Muschel verbirgt. Interessanterweise haben auch ganz unverfrorene Nacktbadeeltern mit dem Problem zu kämpfen, dass ihre Kinder im ausformenden Alter nur ungern ans letzte Kleidungsstück gehen. Und selbst bei der »orthopädischen Nacktgymnastik«, die der Volksschullehrer Adolf Koch ab dem Jahre 1923 mit Billigung der Schulbehörde im Berliner Arbeiterviertel Moabit durchführte, bestanden die beteiligten Jungen darauf, im Höschen ihre eurythmischen Übungen zu absolvieren, um der erzieherischen Unschuld durch den Leichtsinn ihrer jugendlich unruhigen Glieder keinen Abbruch zu tun.

Ich weiß natürlich, wie stolz wir Ostdeutschen auf die betonte Unverklemmtheit des hiesigen FKK sind und wie grimmig jede Wiedereinrichtung eines schon der Nacktheit eroberten Textilstrandes im Urlauberkreis betratscht wird. Ich kenne die Kalauer, dass die pure Blöße nur ein Reflex auf die unzureichende Versorgung der Bevölkerung mit modischer Nassbekleidung gewesen sei. Aber das ist es nicht. Just, als ich alle Argumente gesammelt hatte, um der Nacktbaderei den publizistischen Todesstoß zu versetzen, meinem blassen Unbehagen die Ehre wiederzuerkämpfen, fand ich mich der journalistischen Form des Rundbaus ausgesetzt, die da heißt, zu erzählen, was Doktor Hollmann und ich weiter plauderten. »Wir kommen jedes Jahr hierher nach Thiessow. Sie müssen wissen, dass ich seinerzeit meine Promotion zum Einfluss der salzhaltigen Meeresluft auf die Linderung von gewissen Erkrankungen im Genitalbereich geschrieben habe«, sagte Doktor Hollmann würdevoll. Er war eine urologische Kapazität ersten Ranges, und ich hatte nicht den geringsten Zweifel, dass es mit der Nacktheit wenigstens seine hygienische Bewandtnis hatte.

Gefühltes Alter

Wenn die Eltern altern, kommt irgendwann unweigerlich der Tag, an dem sie auf die so genannten letzten Dinge zu sprechen kommen. Nicht etwa, dass der jahrzehntelange Druck praktischer Lebenserfahrung (»Ich wisch die Armaturen immer gleich mit dem Handtuch ab, dann gibt's erst gar keine Kalkflecke!«) sich nun als zu edelster Weisheit gesintert zeigt und Merksätze über das Wesen des Weltalls oder die wirkliche Anzahl der Dreifaltigkeit verlautbart werden. Nö, nö, die letzten Dinge sind ganz sie selbst.

»Na, das wird wohl mein letztes Auto sein!«, brummelte dunkel der Senior unlängst bei der offiziellen gemeinsamen Bewunderungssitzung in seinem neuen Golf. »Na, einen neuen Hund werd ich mir wohl nicht noch mal zulegen«, seufzte auch der Schwiegervater kürzlich, als er der Dackeldame an die Leine half. Offenbar gilt es unter den Alten als cool, voll mit der Lebenserwartung zu kokettieren und die jüngeren Verwandten mit gewagten Ablaufprognosen zu erschrecken. Darauf ist freilich nicht viel zu geben.

Altersstatistisch gesehen müsste mein Senior seine Karre noch mindestens zwanzig Jahre am Laufen halten, und auch der Schwiegervater, ein furchterregend stämmiger Germane, der in den Kampfstärkeberechnungen der Bundeswehr wahrscheinlich als Bonuspunkt für

Sachsen-Anhalt auftaucht, könnte eher noch eine ganze Dackelzucht aufbauen, bis ihm die Spaziergänge ums Haus vom Arzt verboten werden.

Insgesamt gewinnt man den Eindruck, dass heute das Reden über das Altern schneller fortschreitet als der tatsächliche Verfall. Das gute alte Dahinsterben ist unstet und launenhaft geworden. Beiläufiges Altern, zum Beispiel, ist völlig out. Keine Reiseschilderung, etwa von der Durchquerung Namibias, bei der meine Eltern nicht bewusst greisenhafte Passagen einflechten (»Als es dann siebzig Grad wurden, haben wir uns erst mal ein paar Minuten in den Schatten eines verendeten Kamels gesetzt. Wir können eben auch nicht mehr so wie früher!«). Psychologisch gewiefte Kinder wie ich ahnen natürlich bereits, dass die betonte Gebrechlichkeit einerseits die Hochachtung vor dem ursprünglichen Mumm (»Als ich so alt war wie du jetzt, da hab ich doppelt so viel gearbeitet, getrunken, geliebt ...«) befördern soll, andererseits ganz zweckgebunden ist (»Hol doch deinem alten Vater mal 'ne Flasche Bier!«). Wo das nicht geht (»Renn doch mal für deinen alten Vater nach dem Bus!«), wird auf die Gebrechlichkeit allerdings auch klaglos verzichtet.

Wahrscheinlich müssen wir im Umgang mit unseren lebenden Vorfahren verschiedene Altersbegriffe anwenden. Zeitliches Alter: 69 Jahre. Physiologisches Alter: 73 Jahre (wegen Rauchen). Gefühltes Alter: morgens 107 Jahre, abends 45 Jahre (wegen Flasche Rotwein). Verrückte Zeiten.

Noch eine Generation zuvor wurde würdig und selbstverständlich gealtert. Im Grunde interessierte sich meine

Omi bis zum Schluss nicht wirklich dafür, dass ihr ein gewaltiger Tremor ganztägig die Hand schüttelte, und bestand darauf, jeden Sonntag alle (acht!) Teller auf einmal zu servieren. Eine Szene, die die kitzligsten Momente von Porzellanartisten und Tellerkomikern locker an Dramatik übertraf, meine guten Vorsätze, nicht mehr an den Fingernägeln zu kauen, zerstörte und magischerweise immer wieder gut ausging. So wurde sie, die nie nach der Lebensuhr schielte, siebenundachtzig Jahre, und darüber ist sie, glaube ich, selbst erschrocken. Freilich zu Tode.

Zwei Diskusfische pro Jahr

Eine mir doch recht nahe stehende Person erreichte eines gefährlich nahen Tages ein doch recht respektables Alter, und mir wurde schlagartig bewusst, dass ich ihr zum siebzigsten Geburtstag was Tolles schenken müsse. Gerade wollte ich meine herumlungernden Gedanken zum Ideensuchen aufscheuchen, als mir atomschlagartig bewusst wurde, dass es vergeblich wäre. Denn die fragliche Person hatte ihr langes Leben auf konsequente Weise dazu benutzt, um alles, aber auch alles zu erwerben, was man Menschen gemeinhin so schenkt.

Ich ging zu meiner Frau, um in ihrem Beisein wortreich zu resignieren. »Meine Mutter hat alles. Und was sie nicht hat, will sie nicht.« Meine Frau fing beiläufig den Teller auf, mit dem das lustige Baby »Ich schmeiß das jetzt mal weg, und du hebst mir das wieder auf, damit ich das gleich wieder wegschmeißen kann!« spielen wollte und fragte: »Hat sie sich denn was gewünscht?« Ich ging an einer imaginären Krücke durch die Küche und zitierte meine Mutter: »Wenn ihr nur alle recht gesund bei meinem Geburtstag zusammenkommt, das ist mir schon Wunsch genug.« Meine Frau zog ihre zarten Augenbrauen hoch. »Das kommt von dem falsch verstandenen Kommunismus deiner Mutter!« Ich kämpfte meinen Mutti-Verteidigungsreflex aus den Würgehänden zurück in den Kopf und entgegnete mit übertriebener Sachlichkeit: »Der Kommunismus meiner Mutti ist reiner Herzenskommunismus. So gütig, gerecht und selbstlos, dass man Halleluja rufen möchte, wenn sie erscheint.«

Meine Frau tröstete das Baby, das sich beim grobmotorischen Löffelschwingen aufs Auge geschlagen hatte, und sagte: »Genau das meine ich. Das kommunistische Ideal ist aber nicht die bedürfnislose, sondern die allseitig beschenkbare Persönlichkeit. Morgens Sportler, mittags Gärtner, abends Kritiker.« Ich wusste, auf wen diese Beschreibung zutraf. Die Hobbys meines Schwiegervaters sind in der Tat so zahlreich, dass es sich lohnen würde, einen eigenen Hobby-Verwalter einzustellen, der dem Graubart beim Erdbeerenmulchen rechtzeitig auf die Schulter tippt, damit er vor dem Senioren-Handballtraining noch die chinesischen Ersttagsbriefe sortieren kann und nicht zuletzt endlich mal die Gummihose auszieht, die er noch vom morgendlichen Hechtangeln trägt.

»Meine Mutti ist aber eine Mutti. Muttis haben keine Hobbys. Muttis haben zu tun. Ich schenk ihr was für die Küche«, entgegnete ich leicht gereizt. Meine Frau erschrak. Ich bin ein gefürchteter Küchenartikelschenker, und ich kenne sie alle: den Platin-Spaghettiprüfer, der exakt eine Probenudel sicher aus dem Kochtopf extrahiert, die edelstählernen Maiskornpicker, mit denen man das Durchflutschen des gemeinen Salatmaiskorns verhindert, den Trüffelhobel, der in keinem deutschen Haushalt fehlen darf ... »Du wirst deiner Mutter keinen Schnulli schenken!«, rief meine Frau streng. »Gut, dann schenke ich ihr ein Aufbaugeschenk«, wütete ich zurück,

»etwas, bei dem man hinterherschenken kann. Ein Aquarium! Da bin ich alle Sorgen los. Nächstes Jahr gibt es ein Aquarienbuch. Übernächstes Jahr zwei neue Diskusfische. Dann ein Ultraviolettwasserentkeimungssystem. Ich schenk ihr den ganzen Zooladen rauf und runter. Da kann sie mal sehen, wohin Wunschlosigkeit führt!« Meine Stimme überschlug sich. Das Telefon schrillte dazwischen. Meine Schwester war dran und schlug mir vor, der Mutter gemeinsam eine Reise zu schenken. Würde zwar etwas teurer, aber zusammen könnten wir das stemmen. Ich willigte sofort ein. »Vielleicht ist es ja auch nur Taktik«, unterwies mich meine Frau später im Lotussitz auf der IKEA-Couch. »Wer sich was wünscht, bekommt es. Wer sich nichts wünscht, bekommt noch etwas mehr.«

Die Weihnachtsvorschriften

Weihnachten ist nichts für jedermann. Wir haben es hier mit einem umfänglichen Brauchtum auf der Höhe der Konsumgesellschaft zu tun. Dazu braucht es ein bisschen Mumm. Viele ältere Menschen wissen das und feiern lieber eine Art Not-Weihnachten in einer extrem abgespeckten Version. Tannenzweige in der Vase mit ein paar Lamettafäden, vier blakende Kerzenstummel, und Bescherung ist, wenn Vaddern sagt: »So, jetzt machen wir aber mal die Pakete auf!« Das ist natürlich kein Weihnachten. So könnte man feiern, wenn der Christus ausgeblieben wäre. Weihnachten ist das einzige abendländische Großfest, das von allen Beteiligten äußerste Konzentration und unbedingte Einsatzbereitschaft verlangt, wenn es ein voller Erfolg werden soll. Der Feind rundum besinnlicher, stimmungsvoller Weihnachten ist Improvisation und unkoordiniertes Herumfeiern. Leider wird heutzutage im Bürgertum ein völlig verballhornter Heiligabend toleriert, der mit Weihnachten so viel zu tun hat wie ein Karnevals-Männerballett mit Schwanensee. Kein Wunder, dass uns die Mullahs auslachen.

Ich komme nun zu den Essentials. Erstens: Der Baum. Der Baum ist eine Tanne oder eine Fichte, aber keine Kiefer. Eine Kiefer im Lichterglanz hat denselben Erlebniswert wie ein beleuchteter Kleiderständer, nur dass Kleiderständer gerade und gleichmäßig gewachsen sind.

Natürlich sind Kiefern billiger, aber es ist allemal erhebender, stocknüchtern vor einer strahlenden Pyramide aus feinstem Grün zu sitzen, als sich von einem mit Lichterketten umworfenen Strunk angewidert den eingesparten Fuffi durch die Kehle zu jagen. Zweitens: Der Weihnachtsmann. Dem Weihnachtsmann ist es nicht erlaubt, eine dieser nach Kunststoff stinkenden Kaufhausmasken zu tragen, mit der man aussieht wie Schweinchen Babe nach einer schlecht ausgeheilten Beulenpest. Verboten ist ebenso der schnell zusammengeheftete Wattebart, der sich schon beim Anklopfen auflöst und spätestens beim »Hohoho! Ihr lieben Kinderlei... argh!« vliesweise eingeatmet wird, weil der furchterregende Weihnachtsmann dann erstens sofort als Nachbar von gegenüber enttarnt wird, und zweitens ist es kein schöner Anblick für die festlich gestimmte Familie, wenn der Weihnachtsmann röchelnd und nach Halt suchend den Baum umreißt, um anschließend erstickt in konvulsivischen Zuckungen auf dem Parkett zusammenzubrechen.

Der Sackinhalt: Die Pakete im Sack müssen leserlich von einem der Anwesenden beschriftet worden sein, da die Bescherung aus dem Tritt kommt, wenn der Weihnachtsmann erst das Vornamenlexikon abfragen muss. Drittens: Die Geschenke. Am Heiligen Abend besteht striktes Zusammenbau-Verbot. Komplexgeschenke wie das 3-D-Puzzle vom Assuan-Staudamm im Verhältnis 1:10 oder der 25 000-teilige Bastelsatz des Flugzeugträgers »USS Enterprise« bleiben verschlossen und dürfen erst ausgepackt werden, wenn der Vater frühinvalidisiert wurde oder die Familie notstandshalber für drei

Monate in einer städtischen Turnhalle untergekommen ist. Ausgepackt werden können sprechende Kuscheltiere. Sie dürfen jedoch maximal zehnmal betätigt werden. Noch eins: Machen Sie sich hübsch. Wenn man gut gekleidet in gelöster Haltung in einer Geschenkpapierdeponie voller brummender und summender Kinder steht und rechtzeitig den funkelnden Blick seiner Gattin bzw. seines Gatten abfängt, erkennt man, wie Freude und Vorfreude zusammenfallen können und Besinnlichkeit in Sinnlichkeit umschlägt. Dazu noch dies: Miederwaren dürfen bis maximal 10 Kilogramm Übergewicht verschenkt werden. Danach gibt es nur noch Parfüm und solche Dinge, die auch bei starker Verdunklung noch Freude spenden.

MÄNNERSPRECHSTUNDE

Not am Mann

Die Hölle der modernen Leistungsgesellschaft ist hell, klimatisiert und ist mit lauter kunststoffbeschichteten Tischen vollgestellt – das Großraumbüro. Die Pfeffersäcke haben's ja vom Behalten, und deswegen wird schon seit längerem nichts mehr für Zwischenwände ausgegeben. Kluger Schachzug. Intimität ist bekanntlich ein Effizienzkiller ersten Ranges. Viele Löcher in der Bilanz mittelständischer Betriebe kommen vom hemmungslosen Nasebohren einzelgezimmerter Angestellter.

In Großraumbüros hingegen ist jeder seines Nächsten Aufseher. Ein Grund, warum viele Menschen nicht so gerne mit mir in einem Großraumbüro arbeiten. Ich bin nämlich fast immer schneller fertig mit meinem Zeug und gehe dann umher und gucke, was die anderen so machen und warum das so lange dauert. Doch das Leben ist langfristig gerecht.

So ertappte ich mich eines Tages im Großraumbüro dabei, das Gefühl zu bekommen, in der Bewegung meiner Lenden eingeschränkt zu sein. Etwas, das zu mir gehörte, war in der Hose verrutscht und konnte aus eigener Kraft nicht zurück. Nun sind solche reversiblen Hodenfehlstellungen bei Männern, die lässige Boxershorts tragen, epidemisch häufig, vollständig undramatisch und mit einem kurzen Griff ambulant wieder zu beheben. Nicht so aber in einem Großraumbüro. Man kann sich eingekesselt von endlos schweifenden Seitenblicken nicht einfach so mal in die Hose fassen. Was, wenn inmitten dieser hilfreichen Handlung der Blick einer weniger aufgeschlossenen Mitarbeiterin erst die Fehlbeule und dann den meinen träfe? Lippen schürzen, mit der Zunge schnalzen, »Ja halloooo, Baby!« jodeln und sich dann schnellstens einen neuen Job suchen? Alles so hängen lassen?

Plötzlich ergriff mich äußerste Furcht, zum Chef gerufen zu werden. Ich versuchte, aufzustehen und testweise ein paar Meter zu laufen. Doch schon der erste Schritt verendete im Anschwung. Nur mit leicht abduziertem linken Oberschenkel und nach vorn geschwenktem und fixiertem Becken war Bewegung möglich. Allerdings eine Bewegung, wie sie eingegipste Schimpansen machen, wenn sie Quasimodo nachäffen wollen.

Ich setzte mich wieder hin, aber offenbar nicht in derselben Weise, wie ich aufgestanden war. Der Schmerz wurde schärfer und erinnerte mich an das Erlebnis, das mich daran hinderte, ein berühmter Handballtorwart zu werden. Ich begann die unwahrscheinliche Hoffnung zu bemühen, ein Jumbojet möge mit brennenden Turbinen an der Hochhausfront vorbeirauschen und auf dem Vorplatz zerschellen, damit alle Büro-Insassen zuverlässig an die Fenster sprängen und wenigstens eine Minute kollektiv nach draußen starrten. Eine Minute sollte wohl gerade reichen, denn mittlerweile war ich mir sicher, dass ein einfacher Handgriff nicht ausreichen würde.

Aber nichts dergleichen geschah. Es war dies der Tag, als alle einst geschmähten Kollegen grausam lächelnd an mir vorbei nach Hause gingen, während ich die zwei Blätter, die ich aus der unnatürlichen Sitzhaltung heranfingern konnte, mit Hieroglyphen vollkritzelte. Als das Großraumbüro endlich leer war, fuhr ich auf und wie ein Blitz aus der Hose, und wenn nicht justament die Reinemachefrau mit dem Putzmobil hereingerollt wäre, hätten die rund 1500 Mitarbeiter der Anstalt bis heute nichts davon erfahren.

Glatzenlüge

Wenn ich ausgehe, komme ich immer wieder zurück. Anders meine Haare. »Na, da kommt ja schon ein bisschen das Knie durch«, flötete meine Friseuse spitz, als sie mit dem Handspiegel um die rückwärtige Seite des Mondes kurvte, und ich beschloss, endlich mit der Unsitte des Trinkgeldgebens Schluss zu machen. »Du hast ja eine Narbe am Hinterkopf«, sagte mein Sohn, als ich vor ihm kniete, um ihm die Doppelschleife am Stiefel zu richten. Und auch das Geräusch, das meine schultersitzende Tochter mit ihren Patschehändchen auf meinem Kopf verursachte, wurde von Monat zu Monat heller, irgendwie klatschender. Na, ich dachte mir schon so was, als die abgelaufene Badewanne wieder einmal wie der Trog einer Filzmacherwerkstatt aussah, doch ich flüsterte mir noch zu: Lieber Gott, lass es vom Wadenschrubben sein! Dabei ist es doch noch gar nicht so lange her, dass meine Mutti zu meinem Vati in der Sauna raunte, ich würde jetzt wohl langsam ein kleiner Mann. (Sie behielt übrigens doppelt Recht.) Und jetzt geht es schon wieder abwärts? Isses schlimm? Ja doch! Je mehr sich mein Haupthaar lichtet, um so mehr verdüstert sich meine Stimmung. Und schon gar nicht will ich irgendwie beruhigt werden. Es ist ja allerlei tröstendes Gewäsch für die Kahlbutze im Umlauf. Bessere Liebhaber und so was. Das sind doch ganz billige Kompensationsversprechen.

Blinde sollen ja auch feiner hören. Ich will aber kein besserer Liebhaber werden. Ich will meine Frau nicht mit betörenden Techniken irre machen, während die Diskokugel auf meinem Hals das Schlafzimmer mit Mondlichtreflexen bestreut. Ich will morgens nach einem ganz und gar unerheblichen Durchschnittssex mein volles Haar striegeln, dass die Schuppen stäuben.

Von allen jedoch die demütigendste Beschwichtigung ist, dass es Frauen völlig gleichgültig wäre, ob ihr Löwe eine Mähne hat. So sind aber Frauen nicht. Ich kenn die doch. Genauso wie es die weibliche Penislüge gibt, gibt es auch die weibliche Glatzenlüge. Nur Einfaltspinsel denken, dass es nicht auf die Borsten ankommt. Sicher, jede Frau kann mindestens ein Beispiel anführen, wie einmal ein Mann mit dichtem Scheitelfell sich als Schurke oder auch als Gurke entpuppte, aber was sagt das über die Qualität der Exemplare mit degeneriertem Behaarungsvermögen aus? Höchstens, dass vom Genpool oben entblößte Männer mehr innere Stärke trainieren müssen, um nicht vor jedem Spiegel flennend zusammenzubrechen.

Das führt uns zu einer anderen Frage: Kann man in Würde verglatzen? Ich sag gleich mal: Nein. Reden wir doch offen, wir sind hier schließlich nicht in Japan: Alle Versuche, die zunehmende Versteppung der Schädelvegetation irgendwie stilvoll zu begleiten, wirken ebenso verkrampft wie ohnmächtig. Da haben wir den mongolisch gesinnten Hirnschalenrasierer, der wegen dreier desertierter Soldaten gleich das ganze Regiment hinrichtet. Oder seinen Widerpart, den Fransenarchivar, der die kostbaren Überbleibsel um so liebevoller pflegt und oft noch länger wachsen lässt, als wären einmal einhundert Zentimeter dasselbe wie einhundertmal ein Zentimeter. Nicht zu vergessen die Schar der Kappen-, Schlappen- und Attrappenträger, die plötzlich entdecken, dass es hochmodische Kopfbedeckungen für eigentlich jede Jahreszeit und jeden Anlass gibt. Meine geringfügig kleinere Frau ahnt von den Problemen, die sich ganz oben auf dem Haupt ihres Mannes anbahnen, jedenfalls noch nichts. Denn, wenn ich mit dem Glühlampeneinschrauben fertig bin, hänge ich die Gardinen auf oder wische auf den Schränken Staub ...

Müder Mann

Punkt einundzwanzig Uhr. In meinem 200-Liter-Fadenalgenbrüter, der früher mal ein Aquarium war, ging das automatische Licht mit einer derart magnesiumblitzartigen Plötzlichkeit aus, dass die wenigen Fische, die in der grünen Brühe noch dahinvegetierten, herzkaspernd aufs Neue den Tag ihres Verkaufs verfluchten. Ich saß missmutig in meinem Wippsessel und morste auf dem Kanalwahlknopf der Fernbedienung herum. »Das Ladevolumen des neu ... endete die Begegnung unentschie... die Zahl der To...«

»Ich gehe jetzt ins Bett!«, sagte ich. Mein Fernseher sah mich entgeistert an. »Du kannst jetzt nicht ins Bett gehen. Es ist noch keine Zubettgehzeit.« Ich warf dem Gerät einen kalten Blick zu. »Soweit ich weiß, gibt es in der BRD keine verbindlichen Schlafenszeiten für das Kleinbürgertum. Außerdem gehe ich auch nicht ins Bett, weil ich müde bin, sondern aus Verdruss! Ich gehe ins Bett, weil dein Fernsehen entweder nicht willens oder nicht imstande ist, mich zu unterhalten! Ich gehe demonstrativ ins Bett und werde dort bewusst und vorsätzlich einschlafen, um zu zeigen, dass selbst ein total ödes Muffelbett verlockender ist als die überraschungsfreien Bilderfolgen, mit denen deine Sender ein so genanntes Vollprogramm simulieren ... ja, bloß noch zu simulieren versuchen!« Mein Fernseher bekam das große Röhrenflimmern. »Halt, warte! Es muss doch irgendwo eine aufsehenerregende Dokumentation, einen sensationellen Tierfilm, irgendwas Gehaltvolles geben. Hast du schon durch meine Dritten gezappt?«

Es war nötig, dem Gerät ausgiebig Bescheid zu geben. »Gib dir keine Mühe. Das Fernsehen ist alle. Es gibt noch Öl und Erz, aber das Fernsehen ist versiegt. Und wer ist schuld daran? Die tüchtigen Fernsehjournalisten? Die jeden Tag hinaus müssen, um ein bisschen Guckbares einzusammeln für ihre Zuschauer? Nein! Du bist schuld!!« Das Fernsehgerät siedete hörbar unter der Mattscheibe, aber ich bin nicht der Mann, der sich von Apparaten einschüchtern lässt. »Höre, Fernseher! Das Problem ist, dass du und deine ganze protzige 16:9 Hinterbildprojektorensippe immer die volle und ungeteilte Aufmerksamkeit wollt. Wie viele brave Hausfrauen haben sich schon beim Kissensticken vorm Fernseher in die Couch geheftet, weil der flackernde Schirm dauernd »Achtung! Guck mal!« marktschreierte. Und wofür? Für die zwanzigste Wiederkehr von Winnetou im originalukrainischen Bortenkostüm, den »Spatzenkacke – Seuchengefahr im Freiluftcafé«-Report, die Fernsehpremiere eines Mehrteilers über den Kampf einer Mutter gegen ihre Oberschenkel oder Aufsagern vor laufender Kamera à la »Hinter mir, liebe Zuschauer, wird gerade ein Mann vor einen Bus geschubst. Kein Einzelfall! Immer mehr Männer werden in deutschen Großstädten ...« Ach egal. Ich klinkte die Tür auf, hinter der erschrocken der Stammhalter zurückzuckte, verlegen seine Alibi-Frage stotternd (»Äh, kann ich noch ein Glas Wasser pullern?

Äh?«), die er während der zwanzig Minuten Schlüssel-
loch-Fernsehen leider vergessen hatte.

»Ha, da haben wir's doch!«, schrie der Fernseher. »Wie kommt es denn, dass der feine Herr alles schon so satt hat? Ich langweile den verwöhnten Spezialzuschauer doch bloß, weil er, wie sein blasser Spross hier an der Tür, Kindheit, Jugend und frühes Mannesalter in schändlichem Müßiggang vor dem Televisor zugebracht hat. Wer sich das Fernsehen ein bisschen einteilt, hat nämlich auch im Alter noch was Schönes zu gucken!« Der Apparat strahlte jetzt stolz. »Du hast gehört, was der Fernseher gesagt hat«, sagte ich zum starren Sohn, der mit dieser Art von »Fernsehunterhaltung« nicht gerechnet hatte.

Radio Gaga

»Ick bin der Heinz!«, brummt es durch das Telefon. Der Heinz ist von Berlin-Wedding einer. Heinz raucht alles, was nicht weglaufen kann, und deswegen scheppert auf dem Heinz seinen Stimmlippen mehr Abraum als weiland im Tagebau Borna-Süd. »Hallo, Heinz!«, brüllt der Moderator angewidert. »Du hast gerade füüüüünfhuuuundert Maaaark gewonneeeeen!« Heinz kann es noch gar nicht fassen, und da sagt er erst einmal: »Ick kann et noch jar nich fassen!« Von dem Heinz die emotionale Kompetenz ist nämlich einzig auf das Lässigsein begrenzt, und da hapert es freilich mit dem anmutigen Entzücken. Harte Männer jubeln sowieso nur ganz leicht mit den Nasenflügeln. Aber dem Moderator ist Heinzens Resonanz noch zu matt. »Fünfhundert Mark!«, kreischt er ihn besinnungslos an. »Ist das nicht der Wahnsinn, Heinz?!« »Ja Mensch, das ist der Wahnsinn«, rasselt jetzt Heinz gehorsam.

Aber das ist nicht der Wahnsinn, das ist die Norm. Ein gutes Dutzend privater Rundfunkstationen kreuzen derzeit im Äther über Berlin, welches damit nach der Wende auch zur Kapitale aller Hitfrequenzen aufgestiegen ist. Nirgendwo anders in Deutschland wird so hemmungslos um die Ohren gebuhlt, nirgendwo wird der mittlerweile bald Siebenjährige Krieg um die Gunst der einschaltenden Masse aggressiver geführt als in Preußen. Der Unterschied zu den traditionell friedlichen Funkbezirken wird sofort deutlich, wenn einem bei der Einreise in die Berlin-Brandenburgische Sendereichweite die grelle Kakophonie aus Eigenlob und Unverwechselbarkeitsbehauptungen, Durchhalteparolen und Dranbleibebefehlen sowie sich überschlagenden Gewinnversprechen aus dem Autoradio entgegenschallt.

Diese Überfülle des privaten Rundfunkgedudels folgt wirtschaftlichen Erwartungen. Im Ballungsraum zwischen Spree und Havel wohnen etwa sieben Millionen Geldbörsenträger und Kontoinhaber. Wer hier den unvermeidlichen Zweitfernseher, Drittkühlschrank und die tägliche Tütensuppenration unter die Leute bringen will, muss werben. Und Werbung lohnt sich vor allem dort, wo die Zielgruppe nicht einfach auf Toilette gehen kann, sondern mit breiten schwarzen Gurten gefesselt nach ein bisschen Zerstreuung und Zeitmord lechzt – im Autostau.

Doch der begehrte Zuhörer ist eine nervöse Kreatur und muss außerordentlich artgerecht geführt werden. Alleweil zischt und trommelt es achtungsheischend im Privatradio, die unzulänglichen Sprecherstimmen werden mit Filtern satt und vertraulich zurechtgefiltert und hochgepegelt. Alles, was die Verhaltensforschung jemals über das Tier Mensch in Erfahrung gebracht hat, hier wird es von fleißigen Hörerpflegern sachkundig angewendet. Die Moderatoren schreien gut gelaunt ihre Station-IDs und witzeln sich auf Sonderschulniveau wund. Wenn alles nicht hilft und die Einschaltquoten einfach nicht hochkommen wollen, fährt die Marketingabteilung schweres Geschütz auf. RTL schickte bei seinem Sendebeginn einen Mann auf die Straße, der jedem, der die RTL-Werbephrase wortgetreu aufsagen konnte, einhundert Mark in die Hand drückte. R.S. 2 quält heute noch seine Hörer mit der Notzucht, bei jedem beliebigen Telefonanruf den Reklameslogan in den Hörer wiederzukäuen, um etwas Bares abzufassen. Tausende Berliner blöken jeden Morgen die R.S. 2-Gebetsformel ins Telefon, nur um darauf von einer konsternierten Krankenschwester zu vernehmen, dass es jetzt leider kein Geld, sondern nur die Nachricht setzt, dass die Oma über Nacht tot geblieben ist.

Doch so ökonomisch ruchlos und Pawlowsche Reflexe einübend wie das Privatradio dem gebildeten Zwölftongourmet und Glenn-Gould-Spezialisten erscheint, ist es dann doch wieder nicht. Im Gegenteil, die kaffeesaufenden Aufgeräumtheiten am Mikrofon erfüllen seelsorgerische Aufgaben. Sie führen den städtischen Anonymus emotional durch den Tag, verordnen Stimmungslagen und binden Menschen ans Radio, die sonst selber mit Töpfen und Pfannen Krach schlagen müssten, um die bösen Geister der nichtsnutzigen Grübelei zu vertreiben. Die Moderatoren bieten Lebensersatz für all jene, die es selbst nicht so toll auf die Reihe kriegen.

Im Frühprogramm von Energy, RTL und R.S. 2 feuern die Herren im Studio vorgefertigte machohafte Schlagfertigkeiten ab, worauf die Damen im Studio lüstern kreischen, eine Effektkurve also, die Heinz aus dem Wedding auch nach einem Kasten Bier und einer Stange Zigaretten nicht halb so eloquent hervorbringen könnte, und das nicht nur, weil der Stichwortzettel fehlt. Was

Heinz nämlich nicht weiß, ist, dass die Damen dafür Honorar kriegen, an Stellen lüstern zu lachen, wo sie ansonsten mit der Handtasche zurückprügeln würden. Was die Marketingstrategen der Privatdudler dagegen nicht wissen, ist, dass die Reflexkette »Dranbleiben, Zuhören, Gewinnen« die Kaufkraft der Werbekunden sträflich untergräbt, denn wer sich ganztags mit Schmusehits volldröhnt, bis die nostalgischen Seufzer ins Hyperventilieren übergreifen, hat freilich nicht genug Großhirnrinde frei, um sein berufliches Fortkommen anzutreiben. Erfolgreiche Menschen hingegen, die sich werbehalber auch für einen zweiten oder dritten BMW erwärmen würden, kommen gar nicht zum Dranbleiben, weil dauernd das Funktelefon oder Faxgerät piept.

So hat sich das Berlin-Brandenburgische Privatradioangebiedere unterdessen der Brechtschen Rundfunktheorie genähert, der ja bekanntlich aus dem Radio ein Kommunikationsorgan der Arbeiterklasse modeln wollte. Die Einkommensschwachen beider Länder telefonieren »on air« mit den Herren des Mikrofons und reden über alles, was der Grundwortschatz hergibt. »Hallo, wer ist dran?« – »Hier ist die Susi aus Marzahn!« (Privatradioanrufer bezeichnen sich immer mit einem bestimmten Artikel vor dem Namen, eine Art von Vergegenständlichung der eigenen Person. Etwa: Ich bin die Susi von dem Holger) – »Hallo, Susi aus Marzahn! Was machst du gerade?« – »Äh ... ich höre Radio!« (Wahlweise und zur milden Überraschung der Moderatoren kommt auch mal ein »Ich telefoniere gerade!«.) – »Das ist toll, Susi, wirklich, ganz toll! Weißt du, was jetzt kommt?« – »Nein!« (Ehrliche Antwort, obschon die Vermutungsbandbreite keinerlei prophetische Fähigkeiten voraussetzt. A: Es kommt sowieso immer gleich Musik. B: Im Privatradio werden pro Tag schätzungsweise nur hundert bekannte »Hits« computergequirlt zum Abspiel gebracht, so dass bei zehnmal Raten sicher ein Treffer drunter ist.) »Susi, jetzt kommt ein Superhit von Supertramp!« – »Mensch, super!« (Der Freudereflex ist mittlerweile bei Privatradiohörern fest verankert, so dass der Moderator auch bedenkenlos hätte sagen können: »Susi, jetzt kommt ein zweistündiges Super-Rundfunkfeature über die biophysikalische Orgontherapie Wilhelm Reichs und seine energetisch-vitalistische Bionenkonzeption im Lichte der jüngeren Neurotransmitterforschung!«, um genau dieselbe Antwort zu bekommen.) – »Also, Susi aus Marzahn, wie heißt dein Lieblingsradio?« – »O, ich glaube ›Panasonic‹!« (Im unsichtbaren Gesicht des Moderators machen sich Zweifel an der förderungswürdigen Bildungsfähigkeit seiner Hörerin breit, er formuliert für den Redaktionsassistenten an der Studioscheibe stimmlos das Wort »Volltrottel« mit seinen Lippen, aber der bezahlte Glaube an das Gute im Menschen siegt.) – »Na, Susi, überleg noch mal: Wie heißt dein Lieblingssender?« – »Der Fernsehturm am Alex?« – »Susi!! Dein Lieblingssender heißt RNF Strich Drei – Superhits mit Superlaune nonstop!!« – »Ach, klar ja, Superdings ... wollt ich gerade sagen.« Dann sinkt Susi erschöpft in die Combi-Couch »Bansin« und gießt sich erst mal einen Schoppen Cremelikör ein, von dem in Berlin-Brandenburg im letzten Jahr 8,2 Liter pro Kopf verzehrt wurden. Dank der Radiowerbung.

Tod des Kolumnisten

Erfolgsjournalismus hat auch seine Schattenseiten. Erstens muss ich ständig aufgedonnerten regionalen Misswahlbewerberinnen, Kleinstadt-Starlets und Spargelköniginnen ganze Sätze entlocken, die sie nicht mal unter der Folter zustande brächten. Zweitens, und das ist schlimmer, muss ich fliegen. Ich würde mich lieber mit der Rohrpost verschicken lassen. Der aerodynamisch hochriskante Balanceakt zwischen Vortrieb und Auftrieb, mit dem der Mensch sich in tonnenschweren Apparaturen oben in der Luft zu halten versucht, fordert meiner eh schon nicht so toll ausgebildeten Todesverachtung einiges ab.

Okay, wir müssen alle irgendwann sterben, aber es gibt doch Unterschiede. Wünschenswert ist, dass wir im Kreise unserer Lieben dahingehen, und es ist weitaus weniger wünschenswert, dass wir im Kreise unserer Lieben an einem Berg zerschellen. Aber es ist eine grauenvolle Vorstellung, beim Aufprall zusammen mit ein paar aufgekratzten Diätmittelverkäuferinnen, einem stark behaarten Urologen mit zusammengewachsenen Augenbrauen und selleriesüchtigen, säuerlich riechenden Softwareberatern in ein und demselben Feuerball zu verglühen.

So jedenfalls geht es mir, wenn die Flughafenhostess das von der Handfeuchte schon ganz lappig gewordene

Ticket durch den Buchungsautomaten zu schicken versucht. Unter meinem Arm klemmt die kostenlos ausgelegte großbürgerliche Zeitung, die »Henkerszeitung«, wie ich sie nenne, in der schon morgen stehen wird: »Beim unerklärlichen Absturz einer 24-motorigen segelflugtauglichen Passagiermaschine kamen gestern kurz neben der großen Schaumstoffdeponie nicht nur einer der nervenstärksten und erfahrensten Piloten der Welt und sein als Kunstflieger berühmt gewordener Copilot, sondern auch ein unersetzlicher Kolumnist sowie eine Reihe von nichtswürdigen, läppischen Zeitgenossen und längst überfälligen Langweilern ums Leben.«

Nun ist es freilich nicht so, dass ein Flugängstling wie ich die anderthalb Stunden mit einer gleichbleibend schrecklichen Todesahnung durchstöhnt. Es gibt viel zu befürchten während dieser Zeit. Wie klingt der Kapitän der Maschine, wenn er sich bei den Fluggästen meldet? Ist er eitel, neigt er dazu, sich zu überschätzen? »Wie Sie gemerkt haben, hatten wir eben ein paar kleine Turbulenzen.« (Tatsächlich hatte die Maschine einen kompletten Strömungsabriss, war ins Trudeln geraten und konnte nur durch ein beherztes Ausgleichsmanöver der Passagiere, die das Flugzeug mit einem »Und eins, und zwei ...« wieder zurechtschunkelten, abgefangen werden.) Oder hat er Stress mit der Stewardess? Will er überhaupt irgendwie Schluss machen? »Mein Name is Käpp'n Lehmann. Wir werden Köln/Bonn voraussichtlich in 45 Minuten erreichen.« Wieso voraussichtlich? Ist es also gar nicht so sicher, dass wir Köln/Bonn erreichen? Hofft der Kapitän am Ende nur inständig, es möge das Wunder geschehen, dass der Flieger es trotz des gebrochenen Höhenruders schafft?

Und warum bloß »erreichen«? Wieso nicht »landen«? Kann er das Fahrwerk nicht ausfahren? In welchen Teil des bei der Bauchlandung zerbrechenden Rumpfes sollte ich flüchten?

Wenn dann noch die Chefstewardess verdächtigerweise ihre Kollegin nach hinten ruft, ist es Zeit für mich, mit einem markerschütternden »Ich will nicht sterben!!!« so entschieden aufzuspringen, dass mein Vordermann seinen Sekt verschüttet. Wenig später habe ich dann endlich die Spritze mit dem synthetischen Opiat in den vom Widerstand hervorgequollenen Adern und sacke beseligt über den Wolken zusammen.

Verteidigung der Gartenfreunde

Es ist ja viel Quatsch im Umlauf, wenn es ums Ratgeben geht. So muss ich immer, wenn ich mir meine Fußnägel schneide, daran denken, dass mir mindestens sechs Leute in meinem Leben den Rat gegeben haben, die Fußnägel immer gerade abzuschneiden und nicht rund, wie unser Herrgott sie geschaffen hat. Und zwar, damit sie nicht einwachsen! Ich hab das einmal gemacht, und dann sind mir die Nägel tatsächlich nicht eingewachsen (was sie auch sonst nie taten), sondern sind wie zehn kleine, scharfkantige Spatenblätter über die Zehenrundungen hinausgesprossen, was mich einige Paar Socken gekostet hat, und ich hab's nicht so dicke, dass ich die Socken im Abo kriege. Das dazu. Aber warum schreibe ich so etwas Ekliges? Will ich provozieren? Nein, nur stockte kürzlich meine Hand vor der Toilettenspülung, als ich die wie gewohnt weggekürzten Nägelreste vor mir im Orkus sah. »Hornspäne!«, sagte meine innere Stimme. »He, das sind Hornspäne! Exquisiter Dünger! Spül sie nicht fort! Wirf sie unter deine Johannisbeerbüsche! Vielleicht, dass die Büsche den verbesserten Boden danken mit innigerem Ertrag.«

Ja, es ist wahr: Ich habe einen Kleingarten! Das ist kein leichter Satz. Bekenntnismäßig steht dieses Bekenntnis noch vor dem Bekenntnis zur Abtreibung, zur Homosexualität oder zur Eigenharntherapie. Wenn man in der literarischen Welt etwas gelten will, sollte man jeden Anschein vermeiden, dass man sich mit dem Zwiebelsetzen und der Ranunkelzucht auskennt. Drogenexzesse sind okay. Mehrfachehen und Vorstrafen auch. Man kann etliche Ticks und Schrullen pflegen, aber keine Stockrosen. Es gibt keine Bilder von Günter Grass beim Rasenmähen. Heiner Müller hat meines Wissens nie seine Zigarrenstummel in zehn Liter Wasser aufgelöst, um mit der giftigen Lauge die Blattwanzen von der Roten Bete zu spritzen.

Der Kleingarten und die große Literatur sind sich spinnefeind. Klar doch, weil ein Gespräch über Obstbäume das Schweigen über soviel Unrecht mit einschließt, wie Brecht einmal sinngemäß sagte. Brecht hat Recht: Tatsächlich würde es mir schwer fallen, meinen Gartennachbar Opa Krause (der heißt so!) beim Obstbaumschneiden zu fragen: »Sag mal, Krause, wie hältst du's eigentlich mit dem Afghanistankrieg?« Opa Krause würde sofort mitsamt der Astschere von der Leiter stürzen, und die Mullahs würden natürlich versuchen, Opa Krauses Tod für eine antiamerikanische Hetzkampagne zu instrumentalisieren.

Bei Weltbürgern und Künstlern wird davon ausgegangen, dass der Kleingarten von Spießern bewohnt wird, die zwischen Grillterrasse und Rasenstück heile Welt spielen, um sich vor der Erkenntnis existenzieller Daseinsdilemmata oder unüberwindbarer Klassenkonflikte zu drücken. Das stimmt aber nicht.

Wenn hier einer in der Sonne sitzt, dann nur aus Erschöpfung. Alienhafte Schleimpilze wuchern durch den

Boden, um dem Weißkohl den Garaus zu machen. Widerliche lusitanische Nacktschnecken, die sogar bei hartgesottenen Erdkröten Brechreiz auslösen, kommen in der Dunkelheit aus ihren Verstecken, um den Mangold zu massakrieren. Gespinstmotten ersticken den Apfelbaum in gespensterhaftem Flusentuch. Das scheint mir denn auch der wahre Grund, warum das Kleingarten-Hobby in der Literatur keine Lobby hat. Der Kleingärtner sieht jedes Jahr die Hölle auf seiner Parzelle aufbrechen. Menschen, die das miterleben mussten, sind für das literarische Schaffen verloren. Es musste schon ein Mann mit meinen Nerven kommen, um endlich das Schweigen zu brechen. Gott schütze mich!

Kopfgespenster

Ich kann Blut sehen. Auch in größeren Mengen. Kein Problem. Ich bin jemand, der schon mal bei »Natural Born Killers« wegnickt, wenn's ein harter Tag war. Mir kann man beim Essen die Rohfassung einer Reportage über Moskauer Unfallchirurgen zeigen, ohne dass meine Peristaltik dreht. Ein harter Kerl halt, an dessen Schulter sich jede Frau geborgen fühlt – sofern sie unter 1 Meter 68 misst. Daher war es für die eine Frau, die dieses Privileg stellvertretend für viele andere genießt, eine herbe Überraschung, mich in Tränen aufgelöst im Wohnzimmer hocken zu sehen. »Marmeladow ist tot!«, heulte ich unvermittelt auf, bevor ihr Erdbeermund eine Frage formulieren konnte. Nun unterscheidet sie sich vorteilhaft von vielen anderen ähnlich hübschen Frauen dadurch, dass sie nicht »Du hast mir nie von ihm erzählt. Ich wusste nicht, dass ihr so enge Freunde wart« antwortete, sondern bloß kopfschüttelnd meinte: »He, es ist nur ein gottverdammtes Buch!«

Man kann das Problem in kurzen Worten beschreiben. Meine Abgestumpftheit gegenüber Fernsehbildern ist kein Ausdruck von Verrohung. Im Gegenteil: Mein gesamtes Einfühlungsvermögen gilt jenen Kopfgespenstern, die aus Worten und Sätzen gebastelt werden. Dostojewski ist mir eigentlich verboten, und ich sollte aus gesundheitlichen Gründen überhaupt keine Belletristik lesen, weil ich überidentifiziere. Ich werde rot, wenn sich im Buch zwei Liebende treffen, und ich bekomme nachweisbar Lungengeräusche, wenn ich mehr als zehn Seiten pro Tag in Manns Sanatoriumsgeschichte »Zauberberg« schmökere. Doch die übergroße Qual meines Mitleidens ist längst schon in Rebellion umgeschlagen. Ja, ich prangere es an, wenn Schriftsteller ihre Figuren dazu benutzen, Effekte zu erzielen oder die Handlung voranzutreiben.

Nehmen wir nur gleich Dostojewskis »Schuld und Sühne«. Es ist völlig unnötig, den armen Marmeladow betrunken vor eine Droschke torkeln zu lassen, um ihn einen langen qualvollen Tod im Kreise seiner Familie und zwei Dutzend Nachbarn sterben zu lassen, nur damit Raskolnikow auf seine Sonja treffen kann. Das ist verabscheuungswürdig. Die können sich auch beim Bäcker treffen!

Die Verteidigung von Dostojewski in der Gestalt meiner bisweilen sehr haushälterischen Frau wandte nun ein, dass der arme Dichter möglicherweise aus Papierknappheit zwei Handlungsstränge und mehrere Figuren zu einer Szene zusammenführen musste. »Für mich ist das Massenfigurenhaltung in Tateinheit mit sinnlosem Nebenfigurenmord«, entgegnete ich, »jedes Batteriehuhn hat mehr Rechte als eine Dostojewski-Gestalt.«

Da kam mir die bahnbrechende Idee. Wenn es stimmt, dass Schreiben ein Handwerk ist, was gerade Großdichter immer gern kokett behaupten, dann wäre es an der Zeit, eine Gewerbeaufsichtsbehörde zu gründen, der ich freilich gerne vorstünde. »Ihrem Buch kann ich leider so nicht die Genehmigung erteilen«, würde ich manchem verwöhnten Starautoren mit kaltem Herzen eröffnen, »der Spannungsbogen ist so konstruiert, dass er vermutlich beim ersten Lesen in der Mitte durchbricht. Außerdem erteile ich Ihnen ein Bußgeld von 1500 Mark, weil Sie auf Seite 43 einen Bankangestellten erschießen lassen, der zwei Kinder und eine tablettenabhängige Frau hat und der am Feierabend seine Mutter besuchen wollte, die im Sterben liegt. Das Geld kommt Humorschriftstellern zugute.«

Es lebe der Alltagstrott

Ich mache keinen Urlaub. Ich fühle mich generell viel zu wenig ausgebeutet, um mich einmal im Jahr ächzend in eine Regenerationsphase namens »Ferien« zu retten. Da kann der Kapitalismus noch so eiskalt und herzlos tun. Da lach ich nur. Ich bin für rauere Gesellschaftsformationen gemacht. Ich wüsste auch gar nicht, wo ich hinfahren sollte. In der Fremde kenn ich keinen. Und zu meinen Bekannten kann ich nicht, weil die in den Ferien alle in der Fremde sind.

Erschwerend wirkt auch dies: In der Fremde werden Fremdsprachen gesprochen. Ich habe mal in Portugal auf etwas in der Speisekarte gezeigt, was sich nachher als Riesenkrabbe herausstellte. Da ich weder auf Portugiesisch noch auf Englisch noch auf Französisch die Worte »verfluchte Rückenschale« und »bekloppte Riesenkrabbe« sowie »irgendwo aufzuknacken sein« beherrsche, wurde das Altstadtviertel von Lissabon Zeuge eines schauderhaften germanischen Wutanfalls, der damit endete, dass wesentliche Bruchstücke des Schalentiers wie in einem Flipperautomaten durch das Lokal flogen.

Und nur mit Rücksicht auf sensible Naturen und Frühstücksleser nehme ich davon Abstand, mein schlimmstes Ferienerlebnis zu schildern, in dem ein schwer mit Riojawein beladener Mann meines Namens und eine glitschige iberische Hocktoilette vorkommen.

Ein weiterer Grund, den Jahresurlaub zu meiden, ist die Tatsache, dass meine Wohnung die mehrwöchige Abwesenheit ihres Mieters schamlos dazu ausnützen würde, Millionen von Gärfliegen zur Altobstparty auf dem Küchenschrank einzuladen. Meine Wohnung ist ohnehin ungewöhnlich tricky, wenn es darum geht, verrottende Kartoffelbeutel hinterm Kühlschrank, vergessene Eierstullen im Schulranzen und unangeschaltete Geschirrspüler dem letzten Kontrollblick des Abreisenden zu entziehen und so zu tun, als sei alles in bester Ordnung. Nur ständige Anwesenheit eines feinnervigen, äußerst geruchsempfindlichen Erwachsenen kann diese Erzschlampe unter den Altbauwohnungen davon abhalten, sich gehen zu lassen.

Doch meine Ablehnung des Urlaubs geht weit über persönliche Animositäten hinaus. Die ganze Volkswirtschaft gerät urlaubshalber aus den Fugen. Nach ein, zwei Wochen hat sich der Körper an die Bummelei gewöhnt und erholt sich über das erträgliche Maß hinaus. Ich kenne viele Menschen, die durch allzu langes Ausschlafen und überreichliches Frühstücken grundlos euphorisiert wurden und sich in Abenteuer stürzten, die der Herrgott eigentlich für Extremsportler und Ausnahmeathleten vorgesehen hat. Die Folgen sind dramatisch. Mein Leibcoiffeur bezahlte die Alberei eines Kamelritts mit dem multiplen Bruch seines Handgelenks, was mich nach 24 Wochen seiner Krankheit dann doch gezwungenermaßen zur Konkurrenz gehen ließ, die freilich in die Betriebsgeheimnisse meiner Haarwirbel und -lichtungen nicht eingeweiht war. Ich kam mit dem Satz »etwas nachschneiden« und ging als Hermann van Veen, ein Urlaubsopfer der zweiten Reihe. Die schwarze Liste lässt sich beliebig verlängern: Nicht nur, dass ich als Haut-Typ 0,5 sogar noch meinen Sonnenhut eincremen muss, nicht nur, dass unser schlafender Sohn im Wohnmobil während des behutsamen Ruckelns seiner Eltern aus dem Alkoven gefallen ist, nicht nur, dass mir in Tirol auf 3000 Meter Höhe ein Ski abging, den ich auf 1000 Meter erst wiederfand ...

Ich muss einfach nicht mehr dem Trott entfliehen. Ich weiß nicht, was andere Leute mit ihrem anstellen, mein Trott ist prima und vorbildlich. Vielleicht nutzen Sie mal die nächsten freien Tage, um sich das anzuschauen.

ZULETZT

Die Geschichten, die dieses Buch erzählt hat, sind bis auf einige dramaturgische Abrundungen und die humoristischen »Laubsägearbeiten« so ziemlich alle wahr, und deshalb möchte ich genau so förmlich wie herzlich Abbitte bei all jenen leisten, die in diesem Buch vorkommen. Ich war leider so von der exemplarischen Bedeutung meines Lebens besessen, dass ich keine Rücksichten auf die Mitmenschen meines Privatlebens nehmen konnte, und außerdem brauchte ich das Geld. Ich hoffe, dass meine Darstellung ihrer Eigenarten in der Öffentlichkeit ihr Ansehen nur weiter verbessert hat. Wo dies nicht von vornherein zu erwarten war, habe ich mir Allerweltspseudonyme ausgedacht. Diejenigen, die es betrifft, werden sich schon erkennen ...

Danken möchte ich allen meinen Kindern, vor allem meinen eigenen, speziell meinem entsetzlich hochbegabten und redegewandten Sohn und meiner Trollprinzessin, die dafür sorgen, dass meine Freude immer groß ist, aber meine Zeit immer knapp und mein Werk schmal bleibt. Gewidmet ist das Buch aber meiner Frau, weil ich sie liebe. Und das ist alles, was ich dazu sagen kann.

GLOSSAR

Die Texte in diesem Buch erschienen zwischen 1996 und 2003 in der Zeitschrift »Das Magazin«, der wichtigsten Monatsillustrierten der neuen Länder.

S. 17: Heirate doch eine Bockwurst! (Juli 1997), S. 23: Dämonen der Dunkelheit (März 2002), S. 26: Dringender Paarungswunsch (Juli 2001), S. 29: Wiederholungstäter (Februar 2002), S. 32: Partikel des Wahnsinns (August 2001), S. 35: Sex mit und ohne Klecks im Jahr 2000, was bekanntlich schon vorbei ist (September 1996), S. 40: Die Tricks der Frauen oder wie ich zweimal beinahe eine Freundin gehabt hätte (Juni 1996), S. 46: Meine ultramarinweiße Hose (Oktober 2002), S. 49: Familienvater bei Nacht (Januar 2002), S. 52: Völlig von Sinnen (November 1996), S. 59: Willst du mich splitten? (November 2002), S. 65: Am 14. Tag (Februar 2001), S. 68: Der Fluch der Ypsilon-Namen (Mai 2001), S. 71: Aufmarsch der Pinguine (September 2001), S. 74: Eifersucht (November 2001), S. 77: Lob der späten Schönheit (April 2002), S. 80: Krabbelnde Hanteln (September 2002), S. 83: Vorbestrafte Blicke (Januar 2003), S. 86: Der Haustierfrieden (April 2001), S. 89: Wo liegt es denn? (März 2003), S. 95: Die Nackten und die Fakten (Juli 1998), S. 101: Gefühltes Alter (Juni 2001), S. 104: Zwei Diskusfische pro Jahr (Juni 2002), S. 107: Die Weihnachtsvorschriften (Dezember 2001), S. 113: Not am Mann (März 2001), S. 116: Glatzenlüge (Februar 2003), S. 119: Müder Mann (Dezember 2002), S. 122: Radio Gaga (Januar 1997), S. 127: Tod des Kolumnisten (Juli 2002), S. 130: Verteidigung der Gartenfreunde (Mai 2002), S. 133: Kopfgespenster (Oktober 2001), S. 136: Es lebe der Alltagstrott (August 2002)

WLADIMIR KAMINER

»Es gibt drei Arten, die Welt zu sehen:
die optimistische, die pessimistische und die
von Wladimir Kaminer.«
Frankfurter Rundschau

54175